学前教育教研工作指导丛书 / 丛书主编：高丙成

随文扫码
获取资源

YOU'ERYUAN ZHUTI JIAOYAN DE
SHEJI YU SHISHI

幼儿园主题教研的设计与实施

汪秋萍 等/著

北京师范大学出版集团
BEIJING NORMAL UNIVERSITY PUBLISHING GROUP
北京师范大学出版社

图书在版编目(CIP)数据

幼儿园主题教研的设计与实施/汪秋萍等著. —北京：北京师范大学出版社，2022.10(2024.1重印)

（学前教育教研工作指导丛书）

ISBN 978-7-303-27845-9

Ⅰ. ①幼… Ⅱ. ①汪… Ⅲ. ①学前教育－教学参考资料 Ⅳ. ①G613

中国版本图书馆 CIP 数据核字(2022)第 050110 号

图书意见反馈　gaozhifk@bnupg.com　010-58805079
营销中心电话　010-58802181　58805532
编辑部电话　010-58808898

出版发行：北京师范大学出版社　www.bnupg.com
　　　　　北京市西城区新街口外大街 12-3 号
　　　　　邮政编码：100088
印　　刷：天津市旭非印刷有限公司
经　　销：全国新华书店
开　　本：787 mm×1092 mm　1/16
印　　张：11.75
字　　数：205 千字
版　　次：2022 年 10 月第 1 版
印　　次：2024 年 1 月第 2 次印刷
定　　价：42.80 元

策划编辑：罗佩珍　　　　　责任编辑：孟　浩　赵鑫钰
美术编辑：焦　丽　　　　　装帧设计：焦　丽
责任校对：康　悦　　　　　责任印制：马　洁

丛书编委会

专家推荐序

长期以来，学前教育教研工作是幼儿园发展和质量提升的重要推动力量，是教师深入探究保育教育规律、不断实现专业发展的重要途径。随着教育事业的发展和学前教育组织管理与业务指导机构的改革，许多地方的学前教育教研机构和人员进行了合并及改组，教研力量有所削弱。近年来，学前教育实现了跨越式发展，改革发展的新形势和立德树人的新任务对教研工作提出了新要求，教研员的角色定位以及教研工作的重点、内容和方式也必须随之转型升级。

为适应时代变迁对学前教育教研工作的新要求，我的同事、年轻的学者高丙成副研究员协同全国多地具有坚实理论基础和丰富实践经验的教研员，编写了这套"学前教育教研工作指导丛书"（以下简称"教研丛书"），试图客观描述学前教育教研工作的现状，找到教研工作中的问题，明确新时代教研工作的需求及主要任务，并给出切实可行、有针对性的工作路径与实践方法。应该说，这套丛书的设计思路和具体内容，对教研员工作质量的提升和教研工作效益的提高有很大帮助。

由于各部著作还在陆续完成之中，而写序的时间要求在先，所以，我没有看到"教研丛书"的全部书稿。但在前期针对这套丛书与高老师和部分作者交流讨论的过程中，我深感作者们经验丰富，对教研工作有着极强的责任心和使命感。从各部著作的框架和内容设想及部分书稿中，我也感受到内容具有的针对性和时效性。总体来说，"教研丛书"有着十分鲜明的特点。

第一，适应学前教育教研工作的新变化，突破了传统教研的单一内容与模式。

在二三十年前，学前教育的教研主要是指对幼儿园教学活动的研究，以教师的教学活动设计和组织实施为主要研究内容，重点关注教师教育实践行为的问题与改进，研课较多，如"一课三研""一课多研"等。教研的主要负责人和组织者是市级及以上教研员，通过不同层次和不同形式的教研活动，提高广大教师的教学能力和水平，"以评代研、以赛促研"的不同规模的评课、赛课活动也成为常见的教研活动形式。

随着学前教育的改革发展，特别是 2001 年《幼儿园教育指导纲要（试行）》颁布以来，"上课"不再是幼儿园教育教学的主要形式，环境成为幼儿园重要的教育资源，师幼互动被视为促进幼儿发展的重要因素，游戏成为幼儿的主要活动，幼儿园教育日益重视幼儿生活的教育价值，关注教育的随机渗透；幼儿被认为是主动的学习者，教师要成为幼儿学习的支持者、引导者和合作者。这一系列新的教育理念、学习观和教育观的确立，对教研工作提出了全新的要求。教研的内容扩展了，教研的重心也变化了，对幼儿的观察与研究、对幼儿游戏和幼儿园一日生活的研究等也成为教研的主要内容，教研员的研究工作既包括研究教师的教，也包括研究幼儿的学。

2006 年，教育部基础教育司委托教育部基础教育课程教材发展中心组织开展了"以园为本的教研制度建设"项目，在全国广泛开展"园本教研"的理论研究和实践探索，极大地推动了幼儿园层面的教研工作。幼儿园成为教研工作的基本单位，教师成为教研的主体和主要力量，有一定规模的幼儿园纷纷设立教研室或安排专职或兼职人员，积极组织教师开展基于幼儿园保育教育实践的问题导向的教研活动，以促进幼儿良好发展为目标，内容涵盖幼儿园一日生活的各个环节和各种活动。园本教研强调教师的自我反思、同伴互助和专业引领，有效地助推了教师的专业成长。

随着园本教研探索的深入，特别是专家的介入引领，以及 2012 年《幼儿园教师专业标准（试行）》的颁布，让教师成为自身实践的研究者、让研究助推教师的专业发展等理念成为基本共识和实践策略。区县教研机构和幼儿园开展的研究课题大幅度增加。在幼儿园层面，教研活动与以课题研究为依托的科研活动进一步整合为教科研活动，也有很多幼儿园的教研室/组改为教科室/组，幼儿园的"教研"和"科研"基本上不再分家，无论是幼儿园的教研还是科研，都成为内涵比较清楚的包含日常教研和课题研究的融合性活动。很多地方的学前教研室与教科所机构合并、工作整合，也有的地方将教研机构和培训机构合并、工作整合，凸显研训一体化。从此，学前教育的教研、科研和培训有了更多的交集，具有了融合性和互促性。

"教研丛书"的内容既包含了对教育活动的观摩与研讨，又包含了对幼儿园区域游戏活动、户外游戏活动、生活活动、家园共育活动等各种形式活动的诊断分析与对策建议，因此这套丛书有很强的普遍适用性和针对性。针对当前幼儿园以游戏为基本活动的迫切需求，丛书包含了幼儿游戏观察与研讨的指导内容。相信这些内容，将扩展和深化各层面学前教育教研工作的内容，促进当前幼儿园教育一系列新理念、新思想的落地，为教师保育教育能力的提升和幼儿园教育质量的提升提供有力支持。

第二，适应当前对学前教育教研员角色转变的新要求，给出了切实可行的教研工作思路与方法实例。

早在2014年，《教育部 国家发展改革委 财政部关于实施第二期学前教育三年行动计划的意见》（教基二〔2014〕9号）就提出："加强幼儿园保育教育指导。根据幼儿园数量和布局，划分学前教育教研指导责任区，安排专职教研员，定期对幼儿园进行业务指导。"2018年，《中共中央 国务院关于学前教育深化改革规范发展的若干意见》提出："完善学前教育教研体系。健全各级学前教育教研机构，充实教研队伍，落实教研指导责任区制度，加强园本教研、区域教研，及时解决幼儿园教师在教育实践过程中的困惑和问题。"此外，随着"国务院领导、省市统筹、以县为主"的学前教育管理体制的确立，区县级教研部门必将成为学前教育教研的责任主体。

综合分析当前国家层面出台的相关政策文件，我们可以看到，在新时代，学前教育教研员有了新任务、新定位。当前，各层面学前教育教研员被赋予了更多更重要的任务，特别是要具体负责指导幼儿园和教师的教育实践。教研员的自身角色必须从以往的以组织管理为重向以专业指导为主转变，各层级教研机构的教研员和幼儿园负责业务工作的管理者都必须成为学前教育专业的行家里手，引领教师发展，指导幼儿园实践，有效促进幼儿园教师专业水平提升、幼儿园内涵发展和质量提高。

"教研丛书"正是基于教研员角色定位、工作职责的新变化和新要求，将"教研活动"和"教研工作"作为重点内容，对学前教育教研活动的设计与组织、学前教育教研工作常见问题及对策进行了专门的论述阐释，突出重点，聚焦问题，给出对策建议；不仅如此，该丛书还精选了不同层面、不同类型的教研案例，进行了详细介绍与深度分析。相信这些挖掘和汇集各地学前教育教研工作成功经验的典型案例，将为各地更好地开展教研工作提供有益参考和借鉴，有助于教研员专业水平的不断提升，促进学前教育教研工作的专业化发展。

第三，基于实证调查客观反映学前教育教研工作的现状和问题，为未来教研工作的转型升级提供参考。

"教研丛书"还包括一本专门的现状调查报告，对我国学前教育教研在服务决策、指导实践、科学研究、引导舆论等方面发挥作用的现状进行了调查；对教研员的工作状况、专业发展状况、保障机制、满意度状况等也进行了调研；并在此基础上，全面客观地描述和分析当前我国学前教育教研的现状、取得的主要成绩和成功经验、存在的突出问题和未来需求，并试图提出有针对性的对策和建议。这种聚焦于教研员及其工作的系统调查研究很少，因此，相关的数据资料十分珍贵和有意义。相信这些内容可以为未来学前教育教研工作转型升级、做好基本定位、寻求适宜路径及制定相关政策提供客观依据和有益参考。

最后，关于未来学前教育教研的工作内容和重点，除上述已经谈及的内容外，还应注意两个方面的问题。一是以促进幼儿良好发展为根本目的，重视改进教育实践。2014 年，教育部组织进行中小学幼儿园教师培训课程标准研制申报工作，提出幼儿园教师培训课程标准应包括师德修养、幼儿研究与支持、幼儿保育与教育、学习与发展四个模块的内容；在幼儿研究与支持方面，要特别重视幼儿行为观察、幼儿个体差异研究与支持、幼儿学习研究与支持、幼儿发展评价与激励等。这些要求也为学前教育的教研、科研和培训工作提供了关注的重点和内容参考。教研工作要从以往的较多研究教学策略转向观察和研究幼儿行为，发现并尊重幼儿的差异，支持幼儿多样化的学习与发展。二是将师德提升作为教研内容，实现师德与能力同步提升。促进教师的专业发展进而提升幼儿园的保教质量，一直是教研工作的核心任务和重点目标，但长期以来，重视教师的专业能力发展、忽视师德培养的现象普遍存在。未来的教研工作，应该将新时代对幼儿园教师的师德要求自觉地渗透在日常教研指导工作中，特别是将 2018 年教育部印发的《新时代幼儿园教师职业行为十项准则》的各项要求落实贯穿在教研活动中，引导广大教师努力成为有理想信念、有道德情操、有扎实学识、有仁爱之心的"四有"好老师，树立"教师是人类灵魂的工程师，是人类文明的传承者"的角色定位和职业形象，做幼儿成长的启蒙者和引路人。

需要表达的是，由于时间和水平有限，加之"教研丛书"还在陆续完稿和出版过程中，因此，我个人的理解、观点和表述必定具有局限性，恳请各位作者和广大读者谅解。衷心期望高丙成老师主编的这套丛书能够在研究方法、教研工作思路和策略等多个方面给学前教育同行以启发和参考，也热切期望能有更多的学前教育同行参与到对学前教育教研工作的研究、探索和创新行列中，共同为教研队伍的专业化和教研工作的科学化做出贡献。

刘占兰

2019 年 10 月于北京

丛书前言

　　教研制度是一项具有中国特色的制度。中华人民共和国成立以来,《国家教委关于改进和加强教学研究室工作的若干意见》《全国省级教研室主任会议纪要》《教育部关于加强和改进新时代基础教育教研工作的意见》等政策文件先后出台,引领教研工作开展。各地高度重视教研工作,加大力度完善国家—省—市—县—校教研体系,健全区域教研、校本教研、网络教研、综合教研制度,改善教研保障条件,建立专兼结合的教研队伍,优化教研工作机制,改进教研内容和方式。教研工作在深化教育教学改革、推进教育质量提升、引领教师专业发展、服务教育行政决策等方面发挥了不可替代的作用,成为我国教育质量保障体系的重要组成部分。

　　学前教育教研是幼儿园发展和质量提升的重要推动力量。近年来,我国学前教育实现了跨越式发展,具有中国特色的教研制度和优良传统在学前教育改革发展中的作用愈加凸显,我国学前教育教研工作也取得了显著成绩。为全面总结我国学前教育教研工作的先进经验和优秀成果,分析探讨学前教育教研工作的路径方式和方法策略,广泛汇集专家学者对学前教育教研工作的新思路和新探索,助推我国学前教育教研工作的开展,我们和北京师范大学出版社策划了这套"学前教育教研工作指导丛书"(以下简称"教研丛书")。

一、丛书出版的背景及价值

　　出版"教研丛书",不仅是服务学前教育教研政策制定的需要,而且是加强对学前教育教研的研究的需要,更是指导学前教育教研实践的需要。

(一)服务学前教育教研政策制定

　　党中央、国务院把学前教育教研工作作为学前教育改革发展的一项重要任务,出台了一系列重要政策文件,引领学前教育教研工作方向。《国务院关于当前发展学前教育的若干意见》提出"健全学前教育教研指导网络";《教育部 国家发展改革委 财政部关于实施第二期学前教育三年行动计划的意见》提出"划分学前教育教研指导责任区,安排专职教研员,定期对幼儿园进行业务指导";《教育部等四部门关于实施第三期学前教育行动计划的意见》强调"加强学前教育教研力量,健全教研指导网络";《中共中央 国务院关于学前教育深化改革规范发展的若干意见》强调"完善学前教育教研体系。健全各级学前教育教研机构，充实教研队伍，落实教研指导责任区制度，加强园本教研、区域教研"；《教育部关于加强和改进新时代基础教育教研工作的意见》强调要完善教研工作体系，深化教研工作改革，加强教研队伍建设，完善保障机制。这些政策措施的出台进一步明确了学前教育教研工作的发展目标，提出了学前教育教研工作的基本要求，规定了学前教育教研工作的重点任务，完善了学前教育教研工作的体制机制。

按照党中央、国务院的决策部署，各地围绕学前教育教研队伍建设、教研管理体制、教研投入体制、教研工作机制等方面进行了全方位的探索与实践，涌现出了许多学前教育教研工作的先进做法、成功经验、典型案例。但是，由于目前我国学前教育教研工作沟通交流机制不完善，许多地方的先进做法、成功经验等往往难以被其他地区学习、参考和借鉴。在策划编写"教研丛书"的过程中，我们不仅吸收全国各地的教研员担任丛书编委，而且注重总结提炼各地学前教育教研工作的先进经验，分析梳理各地学前教育教研工作的成功做法，挖掘汇集各地学前教育教研工作的典型案例，以期为学前教育教研工作提供可资借鉴的优秀成果，为学前教育教研政策制定提供实践依据。

（二）加强对学前教育教研的研究

近年来，随着我国学前教育事业的快速发展，学前教育教研工作也越来越受到关注和重视，学前教育教研工作的理论研究不断深入，相关研究成果不断增多，相关理论逐渐丰富，学术成果水平也不断提高。中国教育科学研究院十分重视对学前教育教研的研究，近年来进行了中国教育科学研究院基本科研业务费专项资金项目"我国幼儿园教研员队伍状况调查研究"、教育部-联合国儿童基金会"学前教育教研员国培方案研制"、教育部民族教育发展中心"民族地区学前教育教研工作满意度调查"等课题研究工作。在研究过程中，我们对学前教育教研员的工作状况、学前教育教研员的培训状况、学前教育教研工作满意度等进行了深入研究，对学前教育教研工作有了更全面的了解。

随着研究的推进，我们发现，目前不论是对教研员素养结构、专业发展阶段等理论性问题，对教研工作职责、工作保障等实践性问题，还是对教研工作机制、政策保障体系等政策性问题的研究都还不够丰富，难以满足服务政策制定及指导实践的需要。在编写"教研丛书"的过程中，我们立足我国学前教育教研工作实际，对教研员素养结构、教研工作职责、政策保障体系等问题进行了研究探讨，以期进一步丰富具有中国特色、中国风格、中国气派的学前教育教研工作研究成果，向世界充分彰显中国教研特色、中国教研精神和中国教研力量，不断丰富学前教育教研理论，充分发挥教研理论的引领作用，更好地促进我国学前教育教研工作的推进。

（三）指导学前教育教研实践

近年来，各级政府高度重视学前教育教研工作，坚持立德树人的基本导向，遵循幼儿身心发展规律，以深化教育教学改革为中心，以提高育人水平为目标，着力发挥研究、指导和服务的专业作用，学前教育教研机构逐渐健全，教研队伍不断扩大，教研员素养稳步提升，教研经费持续增加，教研成果不断涌现，我国学前教育教研工作迈上新台阶。但是，由于学前教育教研工作底子薄、欠账多，学前教育教研工作仍然面临着许多问题、困难和挑战。学前教育教研工作还不受重视，教研工作重点还不清晰，教研工作机制不够与时俱进，教研员配备数量不足，教研员素养虽亟待提升但缺乏学习机会……这些困难和问题直接影响着新时代学前教育教研工作的质量，对此必须给予高度重视，切实加以解决。

各地学前教育教研员们围绕学前教育改革的重点、难点和热点问题，不断加强学习和研究，在引领教师专业发展、指导幼儿园实践、促进幼儿园内涵发展等方面发挥着越来越重要的作用。面对当前学前教育普及普惠安全优质发展的新方向，以及落实立德树人根本任务的新形势、新任务、新要求，未来学前教育教研工作也必须转型升级。在丛书编写过程中，我们通过分析和审视学前教育教研工作的定位、内容、形式等，从以往的较多研究教学策略转向加大对幼儿行为的观察、支持和研究，积极倡导发现并尊重幼儿的差异，注重研究和掌握幼儿的学习特点，支持幼儿多样化的学习与发展，以期能够更好地解决学前教育中的新问题，更好地指导学前教育教研实践。

二、丛书的主要内容

"教研丛书"围绕学前教育教研工作的现状、问题、需求及主要任务展开，旨在发现问题、找准需求、分解任务、提供对策，促进学前教育教研工作的改善和质量提升。"教研丛书"目前主要包括"前沿报告""教研创新""典型经验"三个系列，各系列既相互独立又相互联系。

（一）前沿报告系列

围绕学前教育教研工作的热点、难点问题，着眼于基础性、长远性、前瞻性的问题，调研了解学前教育教研现状，开展学前教育教研政策研究，探索总结教研工作规律，积极探讨促进教研工作科学化、专业化、规范化发展的新理念、新思想、新路径，更好地引领学前教育教研工作。

（二）教研创新系列

以促进儿童德智体美劳全面协调发展为核心，遵循儿童身心发展规律，适应新时代教研工作的新变化和对学前教育教研员角色转变的新要求，聚焦于学前教育教研工作重点和核心问题，加强关键环节研究，创新教研工作方式，提升教研工作的针对性、有效性和吸引力、创造力，以期更好地指导学前教育教研工作。

（三）典型经验系列

总结我国学前教育教研工作的基本经验和成功模式，精选提炼不同层面、不同类型的教研工作经验做法和典型案例，梳理和总结切实可行的思路、对策和方法，运用相关理论进行把脉分析，为各地更好地开展学前教育教研工作提供借鉴和参考。

"教研丛书"的选题以开放性为原则，成熟一本出版一本、成熟一批出版一批，以期逐渐丰富和完善丛书体系。根据计划，第一批拟出版八册，各分册主要内容如下。

《中国学前教育教研状况调查报告》：本书在对国内外相关研究进行述评的基础上，对相关政策进行了梳理分析，通过对我国 31 个省（区、市）1472 名学前教育教研员的工作状况、专业发展状况、保障机制、满意度等的现状调查，客观描述了我国学前教育教研取得的主要成绩和重要成就，梳理挖掘了各地的成功经验和典型做法，分析探讨了存在的突出问题和未来需求，并参考借鉴了国外先进经验和研究成果，提出了有针对性的对策建议，进行了前景展望。

《学前教育教研活动设计与组织》：本书主要围绕教研活动的策划、组织与实施、评价及文化塑造展开。全书以故事的形式将大量教研员和幼儿园的典型、鲜活、有代表性的教研活动案例串联起来，不仅深入浅出地阐释了相关理论，而且紧密结合实践提供了区域教研和园本教研活动设计、组织、实施、评价的策略，让读者在故事阅读中亲近教研、了解教研、懂得教研，掌握切实可行的教研活动设计与组织的方法。

《幼儿园主题教研的设计与实施》：本书在对主题教研活动理论进行探讨的基础上，重点对幼儿园主题教研的设计、实施、总结、评价及成果等进行了较为系统的梳理，较为全面地介绍了主题教研的特征、价值及主要流程，并呈现了部分优秀幼儿园开展主题教研的典型案例，为学前教育教研方式创新提供了新的视角。

《学前教研工作坊的探索与实践》：本书全面梳理、系统总结了我国学前教研工作坊的理论与实践体系，探索形成了辐射带动、课题切入、协同研究、同研异构、送教下乡、结对帮扶、问题诊断、蹲点指导、依研培训、教科研融合、教研训结合、岗位研修、共同体联盟、主题活动、互助研讨、现场体验、多元整合、跨园混合、"互联网＋"线上和交互网络式教研 5 大类共 20 种各具特色的、有推广和应用价值的学前教研工作坊教研组织形式，为学前教研工作开展提供了参考模板和实践指南。

《学前教育教研案例精选》：本书基于学前教育教研实践，以教研案例的方式，生动阐释了学前教育教研工作在价值取向、内容更迭、策略创新、文化探寻四个方面的切实的转变与升级；每个教研案例都从问题出发，详细介绍了教研的背景、教研的历程、研修举措和意义；书中既有区域层面的教研项目方案，又有幼儿园层面的教研案例，无论是区县级教研员还是幼儿园的教研组长，都能从中找到值得借鉴的经验和做法。

《幼儿园教育活动观摩与研讨》：本书以实践为基础，以问题为中心，以案例为载体，以引领为导向，探讨了幼儿园教育活动观摩与研讨的概念、特点、功能、依据和路径；从公开活动观摩与研讨、常规活动观摩与研讨等方面阐述了幼儿园教育活动观摩与研讨的方案设计与组织策略；同时，提出了幼儿园教育活动观摩与研讨中叙述、观摩及评价教育活动的基本框架、内容、策略。

《幼儿园一日活动的诊断与对策》：本书基于幼儿园教育活动实践，立足幼儿园现场，围绕幼儿园一日生活活动、区域游戏活动、集体教学活动、户外体育活动、家园共育等方面的典型问题，精选生动案例，聚焦实践问题，运用相关理论进行分析和把脉，提供实用的对策、方法及建议。

《幼儿游戏行为观察与研讨》：本书以幼儿园各类游戏为案例，以合作式教研、对比式教研等形式多样的园本教研为载体，运用心理学、教育学理论知识，帮助教师学会对幼儿游戏行为进行观察、记录、分析与评价，并提出了具有可行性的指导策略；书中选用了一些具有实用性、鲜活性、可读性的案例，呈现了教师在幼儿游戏行为观察过程中的困惑、学习及尝试，真实地展现了教师在观察实践中的成长历程，具有较强的学习借鉴价值和实操性。

三、丛书的主要特点

"教研丛书"力求凸显以下几个主要特点。

（一）坚持政策、理论与实践相结合

"教研丛书"在对学前教育教研政策文本进行系统梳理的基础上，对国内外最新研究成果进行分析总结，对学前教育教研员状况进行全面调查，对全国各地学前教育教研工作中的先进经验、成功做法、典型案例、实用策略等进行归纳总结，对国际先进教科研经验进行比较分析，力争做到政策分析与实践挖掘并重、理论分析与全面调查兼有；确保政策分析具有权威性，理论研究具有前沿性，现状调查具有全面性，典型案例具有代表性，经验做法具有广泛适用性，对策建议具有可行性。

（二）重视全面性与代表性相结合

"教研丛书"不仅注重区域教研的组织与实施，而且关注园本教研的探索与实践，力争做到区域教研与园本教研并重，涵盖学前教育教研工作的主要内容。"教研丛书"不仅包括能够反映我国学前教育教研工作状况的调查报告，而且涵盖幼儿游戏行为观察与研讨、幼儿园一日活动的诊断与对策、幼儿园教育活动观摩与研讨等学前教育教研的主要工作内容，还包括学前教育教研活动设计与组织、学前教育教研工作常见问题及对策等实用内容。丛书分册主编由中国教育科学研究院的研究人员和省级学前教育教研员担任，同时吸收各地学前教育教研员广泛参与，确保学前教育教研工作经验、典型案例的覆盖性和代表性。

（三）注重实用性与可读性相结合

"教研丛书"围绕学前教育教研存在的突出问题、教研员的学习需求和主要工作任务等展开，注重总结先进经验，梳理成功做法，挖掘典型案例，旨在解决学前教育教研工作中的困惑和问题，为学前教育教研工作提供借鉴参考。"教研丛书"在写作上坚持理论阐述与案例分析相结合，坚持理论知识够用、重实际操作应用的原则，注重理论通俗化、经验具体化、案例故事化、策略操作化，个别分册还尝试文本、音视频并用的方式，以增强可读性、可借鉴性。

感谢刘占兰研究员的悉心指导和专业引领，感谢各分册主编和合作者的认真准备和辛勤付出，感谢全国各地学前教育教研员的鼎力相助和大力支持，感谢中国教育科学研究院领导、同事对学前教育教研工作的无私帮助和热情支持，感谢北京师范大学出版社相关编辑的支持和编校。由于研究时间、精力和水平有限，疏漏在所难免，敬请各位批评指正。

高丙成

2019 年国庆

写在前面的话

  《3—6 岁儿童学习与发展指南》实施以来，以游戏为基本活动的理念已转化为幼儿园的日常实践，一日生活皆课程的观点已逐渐融入幼儿园教师的行为之中，幼儿园的教研活动也随之悄然发生变化。教研活动内容因每天鲜活的师幼互动案例而变得生动，教研活动过程中每一位教师都有机会表达自己的观点，教研共同体、教研联盟等具有民主意义的称谓，给原有的刻板的教研组织以丰富的意义。《教育部关于加强和改进新时代基础教育教研工作的意见》指出，进入新时代，面对发展素质教育、全面提高基础教育质量的新形势新任务新要求，要创新教研工作方式，因地制宜采用主题教研等多种方式，提升教研工作的针对性、有效性和吸引力、创造力。幼儿园教研要发现、解决教育教学中存在的真实、系列的问题，进而为教师提供专业支持，这已势在必行。

  本书定位于为幼儿园进行有主题的教育教学研究提供指导。从主题教研概述说起，对主题教研的设计、实施、总结、评价、成果进行阐述讲解、案例对照，较为全面地介绍了主题教研的特征、价值及主要流程。

  本书从对主题教研关键要素的讲解入手，以章节的形式为阅读者提供了较为系统的主题教研活动设计与实施策略。每一章节的观点陈述部分，主要是对主题教研的有关概念进行详细描述，多以文字加结构图的方式呈现，帮助教师清晰地、整体地把握主题教研的要素特点。每一章节的案例点击部分，呈现的是对主题教研的相应要素的具体实践，帮助教师通过真实的、具体的事例，进一步理解主题教研的概念，了解主题教研的操作方法。

  儿童是单纯的，但同时，也是难以读懂的。他们的思维是跳跃的，爱好是多样的，兴趣是易变的，情绪是不稳的，创造是天然的。在看似重复的每一天，教师给予幼儿持续的专业关注，是新时期幼儿园教研的方向。

  《教育部关于加强和改进新时代基础教育教研工作的意见》强调，要突出全面育人研究。本书从多个维度挖掘，为阅读者提供发现的幼儿园日常教育教学管理中可能影响幼儿学习与发展的问题，将教研的目光从关注教师如何教得更好，调整到聚焦幼儿如何学得更好上来。关注对影响幼儿成长的班级管理研究、环境创设研究、区域游戏研究、一日活动研究、家园共育研究，关注对影响幼儿可持续发展的学习经验、学习方法、学习品质、交流交往、合作协同的研究。幼儿园通过开展系列有质量的主题研究，可以帮助入职初期教师快速胜任本职工作，密切师幼关系；可以促进年轻教师获得专业成长，关注幼儿、解读幼儿；可以推动骨干教师在学术上得到发展，以儿童的视角支持幼儿。

参与本书编写的有安徽省教育科学研究院及各区、县教研室的学前教育教研员，优秀园长和骨干教师，其中不乏正高级职称获得者。他们既有丰富的幼儿园教育教学实践经验，也有长期的幼儿园教育教学研究工作经历，更有较为深厚的学前教育理论功底。全书由汪秋萍、裴文云、方明惠、李芳著，汪秋萍、裴文云负责确定编写思路及编写体例、拟定各章目录，最后由汪秋萍进行统稿。具体分工如下：第一章、第二章撰稿和案例修改由汪秋萍、裴文云、李芳负责；第三章、第四章撰稿和案例修改由汪秋萍、方明惠、裴文云负责；第五章、第六章撰稿和案例修改，附录案例修改由汪秋萍、李芳、方明惠负责。本书中的案例来自安徽省多所幼儿园，在此特别感谢合肥市长江路幼儿园教育集团，合肥市双岗幼儿园教育集团，合肥市安庆路幼儿园教育集团，合肥市宿州路幼儿园教育集团，合肥市大西门幼儿园教育集团，合肥市荣城幼儿园教育集团，合肥市庐阳实验幼儿园教育集团，合肥栢景湾幼儿园，合肥林旭幼育幼儿园，合肥绿城育华百合幼儿园及刘晓敏老师，芜湖市实验幼儿园及毕霞、黄旭、吕晓璐老师，安徽师范大学幼教集团及汪红诚、汪玲、薛晴、周莹、曹开国、欧阳昱老师，芜湖市镜湖区沿河小区幼儿园及谢淑君老师，芜湖市长江湾实验幼儿园及管晖老师，芜湖市和谐幼儿园及汪天晶、郑琪老师，马鞍山市珍珠园幼儿园及尹晓峰老师，铜陵市郊区教育局黄素华老师。正因为有了这些幼儿园教师们的付出和管理者的支持，才有了鲜活的、有温度的主题教研案例供大家借鉴和学习。

中国教育科学研究院高丙成老师、北京师范大学出版社罗佩珍老师给予了精心指导，明晰了编写者的思路，提升了本书的专业引领价值；同时，编写人员在写作的过程中，阅读了大量的相关书籍和网络文章，参考借鉴了相关研究者的思想，在此一并表示感谢。由于能力和水平有限，本书还有诸多不足之处，敬请各位专家和幼教同人批评指正。

本书为部分案例配备了详细的文字实录等，感兴趣的读者可以在相应的案例处扫描二维码观看。

只要你愿意做，你就会知道你绝对可以胜任，并且会进行得很顺利。主题教研作为一种崭新的教研范式，在幼教同行的共同参与下，一定会焕发出应有的活力。

编　者

2022 年 1 月

目　　录

1

第一章 幼儿园主题教研概述

主题教研是幼儿园教研活动的一种新样态。了解主题教研的产生，理解主题教研的特征，把握主题教研的价值，厘清主题教研的目标和任务，是幼儿园开展主题教研的基本前提。

第一节 幼儿园主题教研的产生

随着课程改革的逐步深入，在幼儿园整体发展规划、园本课程建设、教师专业提升、幼儿学习与发展等教育教学实践中，关于教研活动的问题意识逐渐觉醒，研究与解决的问题逐渐真实化、系列化、聚焦化，有主题的教研渐渐发展。

一、主题教研的由来

日趋具体、真实的幼儿园教研活动对教职员工的吸引力逐渐提高。大家采用的教研方式日渐多样，选用的教研手段越发科学，研究的过程及成效清晰可见。

（一）幼儿园教研简述

教研，最初指向的是教师的教学效果。通过对教学中的具体学科及其中存在的问题进行剖析，教研人员能够研究、探讨出更加优化的教学策略。随着新一轮课程改革的教育理念逐步渗透、融合到学校的日常教育教学工作中，教研人员经重新审视后发现，影响教育质量的因素不仅仅是教学效果，还有很多问题值得研究，如科学管理、学校文化、校本课程、教师专业、学生状况、师生关系、家校合作、技术应用等。于是，教研目的维度增加，教研内容范围扩大，教研主体多元主动，教研手段升级优化。此时的教研更加趋向教育研究，有着明确的目的性、计划性、主动性，研究的目光聚焦于亟待解决的真实问题，研究的过程侧重于对教育教学实践规律、原则、方法的把握。可以说，教研是保障基础教育质量的重要支撑，在推进课程改革、指导教学实践、促进教师发展、服务教育决策等方面，发挥了十分重要的作用。

幼儿园教研，不是就事论事的事务性活动，而是一项带有研究性质的活

1

动，它应该有所探索、有所发现。① 幼儿园教研是幼儿园教研人员为幼儿园的教学活动甄定方向，遵循幼儿教育规律，研讨教学活动中的具体问题，并结合幼儿教学实践，提供合理的解决策略的活动。② 幼儿园教研的重点是研究儿童的兴趣、需要和发展可能及其与环境和材料的关系，研究教师的观察、分析和引导的合理性和有效性。③

我们认为，幼儿园教研是幼儿园实施科学保教过程中的一项重要工作，是幼儿园教职员工在具体的教育教学场域内，以研究的视角发现问题、用科学的方法解决问题的实践活动。幼儿园教研可以提高幼儿园保教质量，促进教师专业成长，保障幼儿德、智、体、美全面发展。

（二）幼儿园主题教研的雏形

早期的幼儿园教研内容相对较窄，多以研究教材、教法、课堂居多；教研的形式以集中学习、观摩居多；研究的问题不够深入，往往出现重视什么工作，什么工作就做得风生水起的情况；研究的结果未得到应有的重视，一旦研究内容更换，原有的研究成果不能很好地发挥作用。

新课程改革（以《基础教育课程改革纲要（试行）》颁布为界）开启之后，幼儿园教研渐渐形成以园为本的教研范式，将教师的教学研究活动推向了一个新的阶段。④ 园本教研高度关注幼儿园教研的价值，重视教师反思、同伴互助与专家引领，追求存在问题的解决方案。园本教研的范围，从教学活动向游戏活动、生活活动扩展；园本教研关注的对象，从教师的教学向幼儿的学习与发展延伸；园本教研的方式也变得更加多样，信息技术被引用到教研手段之中。

随着《3—6岁儿童学习与发展指南》（以下简称《指南》）的颁布、《幼儿园工作规程》的修订发布，幼儿园课程改革不断向纵深方向推进。在个性化园所环境氛围的营造中，在课程资源的选择与利用上，在课程游戏化实施的进程中，幼儿园教研越来越贴近师幼互动现场，教职工也越来越能够发现教育教学场域里的真实问题，展开有针对性的研究讨论、分析研判，再回到实践中加以改进，直至问题解决。

随着幼儿园教研的目光更加聚焦到园所自身内涵提升、教师专业成长、幼儿学习与发展等层面，所研究的问题逐渐呈现出系列化、主题化的特征。参与

---

① 莫源秋等：《幼儿园教研活动设计与实施》，2页，北京，中国轻工业出版社，2014。

② 王丽娟：《幼儿园教研活动的目的与实施策略》，载《学前教育研究》，2015(3)。

③ 虞永平：《幼儿园教研需要革命性转身》，载《中国教育报》，2017-11-05。

④ 刘占兰、廖贻：《聚焦幼儿园教育教学：反思与评价》，序3页，北京，北京师范大学出版社，2007。

研究的人员发现，在解决幼儿园同一系列、同一主题的问题时，往往需要多次活动、更长时间、循环往复才能够完成。这样的教研活动，让教师在持续的研讨、反思、共享中，通过深度参与、自觉学习，将自己的成长与幼儿的发展建立联系，更加自主地投入对日常工作的优化与改进之中，大大提高了教研活动的有效性。至此，有主题的教研在幼儿园教研活动中被运用了起来。

二、主题教研的概念

综上所述，我们可以尝试着给幼儿园主题教研做一个界定，以使其区别于其他教研样式。

(一)主题教研的定义

幼儿园主题教研指的是幼儿园教研组织(教研组、学习共同体)带领教职员工，将幼儿园一日活动的实践中已经存在或可能存在的真实的专业问题主题化，利用科学、精准的研究手段与工具，在问题存在的场域内展开持续性探讨，最终全部解决或部分解决初始问题的教育教学研究活动。

幼儿园主题教研是促进教师专业成长、催生教师不断"拔节"的重要方式，也是促进幼儿园内涵发展、提升保教质量的重要途径。

(二)幼儿园中几个常见"主题"的辨析

讲到主题教研，大家可能会联想到主题教学、主题活动等。虽然它们讲的都是主题，但是仔细辨析，我们就会发现其中的一些明显区别。

1. 关注角度的差别

主题教学的落脚点在教学上，关注的角度是教学有主题。比如，关于"春天"的主题教学，幼儿园每个领域都有可能在这个主题下生发或开展多样的教学活动：语言领域会有春天的诗歌与散文，艺术领域会有春天的色彩与声音，科学领域会有植物的生长与变化等。进行系列的、有主题的教学活动，是主题教学的基本路径。

主题活动的落脚点在活动上，关注的角度是活动有主题。比如，关于"世界读书日"的主题活动，幼儿园会在"读书"这个主题下开展系列的相关活动：图书推介活动、图书漂流活动、给社区老年活动中心表演课本剧活动、自制绘本展示活动等。多样的、有主题的活动是主题活动的基本架构。

主题教研的落脚点在研究上，关注的角度是教研有主题。比如，关于"大班幼儿自主阅读习惯"的主题研究，"自主阅读习惯"这个主题下会有系统的研究阅读习惯方面的问题，相关的活动也需要跟进：大班幼儿的自主性行为有哪些？影响幼儿阅读的因素有哪些？如何促进幼儿自主阅读？大班幼儿阅读习惯培养的途径有哪些？如何促进大班幼儿自主阅读习惯的养成？通过系统的、有逻辑的问题研究，实现对问题的解决。

3

2. 内容呈现方式的差别

主题教学是将相关主题涵盖的内容，通过教学的形式呈现出来；主题活动是将相关主题涵盖的内容，通过活动的形式呈现出来；而主题教研是将相关主题涵盖的内容，通过研究的形式呈现出来。主题教研围绕主题可能涉猎的相关层面展开研究，或抽丝剥茧，或搭桥铺路，最终找到突破的路径，实现对问题的解决。（表 1-1）

表 1-1　幼儿园主题教学、主题活动、主题教研的辨析

主题类别	关注角度	内容呈现方式	示例
主题教学	教学有主题	教学的形式呈现	关于"春天"的主题教学： 五大领域都可据此做出相应的教学安排
主题活动	活动有主题	活动的形式呈现	关于"世界读书日"的主题活动： 各年龄班可据此做出相应的系列活动安排
主题教研	教研有主题	研究的形式呈现	关于"大班幼儿自主阅读习惯"的主题教研： 幼儿园或大班教研组可据此做出相应的研究安排

三、主题教研的内涵

通过对主题教研的观察与分析，我们能更加具体地了解和把握主题教研的基本含义。

（一）主题教研是有主题的教研

主题教研研究的主要问题、主要话题有比较明确的指向，主要来自本区域、本园自身的教育教学实践。将影响幼儿园、教师、幼儿发展的问题系列化，并将其作为需要集中力量在一段时间内共同研究探讨的话题，通过更加聚焦的研究过程，最终寻找到问题出现的原因及应对策略，进而解决问题。

📚 **案例点击**

某幼儿园发现一些教师在音乐活动中过分追求课堂活动游戏化，带领幼儿一个游戏接着一个游戏地玩，而对应该让幼儿获得的经验积累和情感体验没有关注。比如，没有及时提醒幼儿倾听音乐，随着音乐的节奏和速度调整动作的轻重、快慢等；也没有组织幼儿体味和思考，为了游戏而游戏，显得"热闹有余"，存在活动目标偏移的现象。于是，幼儿园开始反思，并通过集体研讨，

确定将"如何将游戏与音乐活动有效融合"作为本学期艺术领域教研的一个主题。

该案例中，一些教师在音乐活动中对"游戏化"的理解出现偏差，未能将促进幼儿学习与发展的目标和活动游戏化密切联系起来。幼儿园发现这样的问题后，随即集中研讨、反思，将教师的注意力集中到在音乐活动中该怎样安排游戏、如何通过游戏提高音乐活动质量上来，紧紧围绕主题开展相应的研究。这既保护了教师将活动游戏化的想法，又能帮助教师找到将音乐活动与游戏融合的有效方法。

(二)主题教研是基于实际存在问题的教研

这里所说的问题来自幼儿园现实的教育教学场景，是实实在在存在的并急需得到关注的，是通过主题教研的反复研讨后，基本能够得到解决的问题。

案例点击

某幼儿园在观摩教师的集体教学活动时发现，有几位青年教师在执教的过程中，预定的目标与活动的过程脱节，设计的提问大多由单个幼儿回答，安排的讨论环节时间有限。在随后的教研组集中互动讨论时，针对以上问题，经过反复斟酌与分析，教研组提出了"提高青年教师组织集体教学活动的能力的策略研究"这一主题，将青年教师在集体教学中存在的系列问题，如目标与过程对应不佳的问题、提问设计层次性不够的问题、活动环节时间安排不妥的问题等作为今后一段时间集中力量研究的问题，帮助青年教师提高组织集体教学活动的能力。

该案例中，幼儿园在实际的教育教学活动现场发现，青年教师在集体教学活动的各环节中均存在一定的问题，随后经过研讨与分析，围绕"提高青年教师组织集体教学活动的能力的策略研究"这一主题展开了研讨。经过一段时间的持续研究，教研组提出了相应问题的解决方案。其中，关于活动环节设置的基本原则，对青年教师进行教学设计、教学实施无疑是有指导意义的，对存在同样问题的教师也是有借鉴意义的。

可扫描二维码，阅读案例 1-1"幼儿园集体教学活动中环节设置的基本原则"。

案例 1-1

幼儿园集体教学活动中环节设置的基本原则

(三)主题教研的研究主体是教师

以园为本的主题教研以教师为研究主体，研究和解决教学实际问题，总结和提升教学经验，努力把幼儿园建成学习型组织。秉承"一切为了孩子，一切依靠教师""幼儿园是教研基地，活动室是教研室，教师是研究员"等理念，充分发挥教师在教研活动中的主动性。

案例点击

某幼儿园关于"小班幼儿生活行为习惯培养"的主题教研中，小班组的每位教师都能根据自己的工作实践参与研讨，提出困惑，亮出观点，体现作为研究主体的价值。甲老师认为小班幼儿的生活行为习惯不是一两天就能养成的，如在排队这个习惯的培养上就需要多次重复；乙老师认为让小班幼儿排队太困难了，队伍要么挤成一团，要么弯弯曲曲的，要么一会儿就断开了；丙老师认为小班幼儿的排队习惯的培养，可以利用一日生活的各个环节进行，还可以让幼儿在充满兴趣的情感氛围下自然而然地进行等。

该案例中，每位教师围绕影响幼儿生活行为习惯培养的相关因素，根据自己的工作实践，充分表达了自己的观点。有的谈论存在的实际困难，有的提出自己的解决方案，教研氛围民主，讨论热烈，凸显了教师的教研主体地位。

(四)主题教研应以提升教学效果为目的

幼儿园主题教研是针对幼儿园出现的一些问题，同伴集思广益、共献计谋，以实现教学的有效性的教研。这种理念下的主题教研，关注的是幼儿一日生活、游戏的方方面面，从某种意义上说，着眼点是教师，要解决的是教学的效能问题，目的是促进幼儿的发展。当然，有效的教研实践活动也是教师专业成长的重要载体。[1]

案例点击

某园发现一些教师严重依赖现代教育技术，把大量时间花在了课件的制作上，缺少对教材的钻研以及对幼儿的观察、了解，淡化了教学主题，弱化了教学目标，丢掉了教学基本功。一些教师离开了电视、电脑就不会组织教学了。该园针对这个实际问题开展了以"如何促进信息技术在幼儿园活动中的有效运用"为主题的系列教研活动。经过一个周期的研究，大家总结出了计算机辅助教学的应用要诀。

现代教育技术是在使用传统教学方法无法解决某些问题的前提下选择的辅

---

① 刘金虎、施燕飞：《农村幼儿园"支架式"微教研的探索》，载《上海教育科研》，2019(5)。

助手段，目的是实现教育教学活动的效果最大化。但该案例中幼儿园的一部分教师显然未能把握现代教育技术在幼儿园教育教学活动中的应有价值，出现了教学活动中教育技术使用的泛化现象。该园适时开展的关于信息技术有效运用的主题教研，让教师掌握了课件的应用要诀：能用纸质图片解决就不用电子幻灯片，能用具体实物解决就不用电子图片，能通过动手操作解决就不用屏幕演示，必要的、教师声情并茂的讲解不能用机器代替。这样才能确保教育技术的运用能促进教学效果的提升，确保幼儿在学习过程中有所发展。

案例 1-2

幼儿园教学活动中 CAI
课件的应用要诀

可扫描二维码，阅读案例 1-2"幼儿园教学活动中 CAI 课件的应用要诀"。

（五）主题教研是为了促进教师、幼儿个性化发展的教研

幼儿园主题教研是定制式的，是基于本园教学实践，针对不同类型教师、幼儿的成长需求而设计的具有个性化的教研活动，着力解决不同类型教师、幼儿个性成长中遇到的问题。

案例点击

某幼儿园为民办幼儿园，教师队伍中有刚刚入职的新教师，他们急切需要解决如何管理班级的问题；也有具备 5 年以上工作经验的教师，他们渴望解决制约专业能力提升的问题。幼儿园根据两类教师面临的不同问题，分别开展了"班级管理实际操作流程""区域游戏中教师的有效观察与指导"的主题教研。经过研究探讨，班级管理内容包括管好自己，找准定位，形成自信；管好时间，厘清难点，形成惯性；管好空间，厘清价值，形成风格；管好物品，厘清用途，形成特色；管好教学，厘清主次，形成个性；管好游戏，厘清目的，形成品质；管好日常，厘清重点，形成习惯；管好人员，厘清关系，形成合力；管好分歧，厘清原因，形成共识；管好交流，厘清方法，形成一致。经过研究探讨，良好的班级状态的特征包括和谐共进的同伴团队、紧张活泼的师幼关系、丰富多样的班级环境、科学合理的一日活动、习惯良好的班级群体、良性互动的家长群体、有明显特征的班风等。

该案例中，幼儿园按照不同类型的教师发展需求，根据新教师与有经验教师在教育教学过程中存在的不同问题，安排不同主题的研究，使得他们存在的困惑得到相应的解决，进而都能在原有水平上不断提升。研究过程中，对班级管理内容的归纳梳理、对良好的班级状态的特征的具体描述、对新教师快速提

升班级管理能力，对幼儿园班级管理建设，都有较为具体的参照价值。

（六）主题教研的持续时间较长

主题教研是围绕幼儿园教育教学某个方面的问题展开的有计划、系统的研究探讨活动。问题解决不可能一蹴而就，需要通过将问题进行剥笋式的分解，使其转化成一个个可执行的阶段性小任务。参与研究的人员只有在具体任务的落实过程中，才能获得问题的答案。因此，这样的教研必然需要相对较长的时间才能完成，少则一两个月，多则一两个学期。

第二节　幼儿园主题教研的特征

幼儿园主题教研作为一种教研形式，在研究的问题、时间、方法、成果等方面，有着与常态教研明显不同的特征。（图 1-1）

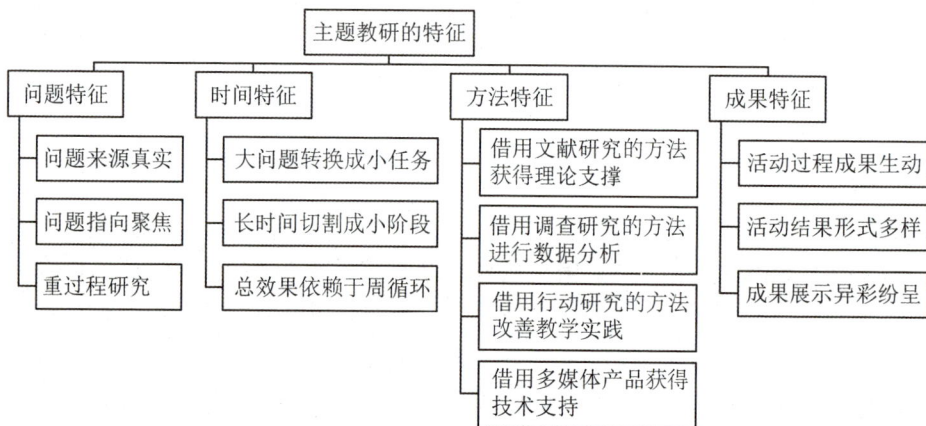

图 1-1　主题教研的特征

一、研究的问题真实聚焦

对幼儿园的一般教研，我们大多耳熟能详；但是，对幼儿园主题教研，相对而言就比较陌生了。下面我们就从一般教研与主题教研在问题方面的差异出发，来认识主题教研的问题特征。

（一）问题来源真实

一般教研的问题大多来源于预设。可能是幼儿园根据自身教研的需求设想的一些问题，如希望教师在语言领域中能够将故事教学做得更好，就设计了这方面的听评课教研活动；可能是为了完成某种评估指标规定的要求而提出的一些问题，如想达到某种类别幼儿园的评估标准，就必须有教研的记录；也可能是上级教研部门下达的任务中涉及的一些问题，如市区教研学期计划中要求幼儿园开展对中班幼儿数学图形经验的教学研究等。

主题教研的问题一般是本幼儿园实际存在的问题。可能是幼儿园管理中遇到的问题，如新媒体背景下民办幼儿园家园矛盾的分析与解决、幼儿园课程园本化建构过程中教师课程理念转化为课程实践能力的途径等；可能是教师专业发展过程中的问题，如新入职教师班级管理中良好师幼关系的建立、职称评审完成后教师专业发展瓶颈的突破、学科带头人内隐的专业成就物化为外显的专业成果的途径、新时代幼儿园教师职业道德与日常工作的关联等；可能是幼儿学习与发展过程中的问题，如小班幼儿语言发展与环境之间的关系、中班幼儿自我管理的影响因素与实现途径、大班幼儿学习品质要素在一日活动中的体现等；也可能是家长在科学育儿中的问题等。

(二)问题指向聚焦

　　从俯视的角度审视，一般教研的问题相对零散，缺少对某一问题深入、系统的研究。[①] 一般教研对来自不同层面的问题未能做出客观分析，问题之间的关联缺乏严密的逻辑性，研究的指向不够明确。

　　主题教研的问题指向相对聚焦。主题教研的问题主要来自幼儿园内部，横向来看注重研究问题涉及面的全面性，纵向来看注重研究问题的深入剖析，凸显研究问题的系统性、系列化。

(三)重过程研究

　　一般教研因为研究问题多来源于外部，研究的周期相对较短，可能会导致将研究工作异化为研究任务，进而忽略过程价值，把更多的注意力引向对结果的关注。

　　主题教研因为时间跨度相对较大，每一个节点既是上一阶段研究的结束，又是下一阶段研究的开始，自然会引发参与的人员对研究过程的重视。主题教研的问题来源于教职员工本身，又在实际的教育教学过程中得到了解决，每一点突破都能为大家提供帮助。从主观上来说，参与研究的人员会主动重视研究的过程。（表1-2）

表1-2　一般教研与主题教研的问题特征差异

教研类别	问题来源	问题指向	问题解决
一般教研	外在、真实、指定	零散	关注任务的完成
主题教研	内在、真实、实践	聚焦	关注过程及结果

　　① 王兴华、丁雪梅、刘聪：《改革开放40年学前儿童发展研究进展》，载《学前教育研究》，2019(3)。

二、研究的时间跨度较大

主题教研与一般教研相比时间跨度较大，研究内容较多，在具体实施过程中会采取分段研究、各个击破、小步递进的方式展开。

(一)大问题转换成小任务

主题教研的问题是在实际工作中产生的，也必将在实际工作中得到解决。解决问题的关键是将隐藏在问题背后的原因进行剥离，在分析研判的过程中将问题转换为可操作的任务，进而在完成任务的过程中实现对问题的解决。比如，"影响大班幼儿参与建构区活动的兴趣的因素"的主题教研，需要对问题的几个维度进行探讨。一是大班建构区是怎样的一个活动区，二是大班幼儿在建构区应该实现怎样的学习与发展，三是大班幼儿的兴趣会外显为哪些行为等。在对这些问题的层层剥离中，问题逐渐可视化，变成可以实施的一个个具体研究任务。

(二)长时间切割成小阶段

由于持续时间相对较长，在研究的过程中，主题教研是可以分阶段来进行的。持久战不会变成疲劳战，阶段任务的完成会给参与研究的教师带来成就感。比如，"利用幼儿园户外资源促进大班幼儿体能的发展"的主题教研，可以分为户外资源利用、户外资源重组、户外资源再生等阶段展开。

(三)总效果依赖于周循环

主题教研注重研究过程的价值。可采取每周反馈制度，帮助参研人员对任务的进展、取得的成效、遇到的困难、生发的问题进行描述。教师的语言表达能力、理念转换能力、反思意识等能够得到发展，参与研究的教师也有机会展示和分享研究成效，体验研究带来的乐趣。周反馈会上，本土教研专家可对一周活动进行点评与指导，教研管理人员带领参研人员对下一周工作进行梳理，如此循环。

三、研究的方法科学有效

主题教研的过程是行动研究的过程。主题研究会用到科学的研究方法，与正式的课题研究相比，更加追求方法在过程中的实用价值。

(一)借用文献研究的方法获得理论支撑

主题教研的过程，是教师将已有专业理论用于教学实践的过程，是面对复杂多变的教学实际，用更多专业理论进行支撑的过程，是通过寻找业界经验、理论观点，获得问题解决的专业支持的过程。比如，在对"新入职教师如何更快地对班级进行有效管理"的问题进行研究时，就可能会用到文献法。一方面，罗列新入职教师在班级管理问题上已有的解决方案，找到本主题研究的突破口；另一方面，可从文献研究中找到值得借鉴的具体做法。

(二)借用调查研究的方法进行数据分析

主题教研的过程也是真实的研究过程。过程的真实指的是，研究不是凭经验想象进行的，而是有理有据的，是基于问卷调查、访谈、座谈获得的相对准确的数据，开展的有真凭实据的、有针对性的研究。比如，关于"新入职教师如何胜任班级管理工作"的主题教研，可用访谈法深度了解本园新入职教师在班级管理中的具体做法、存在的困惑及问题，以此确定主题教研的切入点；可用问卷调查法获得新入职教师在与幼儿互动、与家长交流、班级常规建立等过程中普遍存在的共性问题方面的数据，按照问题的轻重缓急逐一研究解决。

(三)借用行动研究的方法改善教学实践

行动研究的其中一个定义是，教师在教育教学实践中基于实践者在研究中通过自我反思追求自由、自主和问题解决的需要，将问题发展成研究主题，进行系统的研究，以解决问题为目的的一种研究方法。主题教研是在教职员工实际工作中进行的，是对已有工作的改进与完善，是典型的行动研究。主题教研中形成的教学日志、活动方案、教育笔记等记录性个人资料，自我反思的实践意识和行为，都能反映主题教研中自我调适行为改善的过程，也是行动研究最真实的体现。

(四)借用多媒体产品获得技术支持

主题教研过程中用到的技术产品，主要用于活动的记录、分析、比较和成果的展示等。教师用到的有录音笔、录像机、照相机、多种应用程序、SPSS等软件。幼儿用到的有录像机、多种应用程序等。比如，在研究"中班建构游戏材料对幼儿空间知觉发展的影响"这个主题时，教师在现场可能要用到录音笔、录像机进行实景记录；教研组在组织研讨时，可能要用到电子白板中的定格、放大、聚焦等技术，具体分析在建构游戏中，材料与幼儿空间知觉发展之间的关联性以及幼儿空间知觉发展的影响因素。

四、研究的成果生动多样

主题教研注重研究的每一个环节，既追求研究过程中产生的有价值的各项成果，也追求研究结束后产生的多样的结论性成果。

(一)活动过程成果生动

因为主题教研是行动研究，所以研究的过程就是追寻的过程。每一次研讨与实践活动的开展，都意味着离答案更近一步。在这个过程中，通过文献阅读储备的专业理论，与具体的教育教学完美碰撞，可能会让教师有醍醐灌顶、茅塞顿开的豁然，有"众里寻他千百度，蓦然回首，那人却在，灯火阑珊处"的惊艳，有"踏破铁鞋无觅处，得来全不费工夫"的惊喜。幼儿在教师专业的深度研究活动中，可能会得到因材施教论带来的个性发展，可能会得到深度教学论带来的多元发展，可能会得到学习本质论带来的高质量发展。研究过程中产生的活动方案、幼儿作品，因真实、具体而显得生动、有灵性。

（二）活动结果形式多样

因为主题教研是有方法的研究，所以研究的结果跟一般教研相比也有很大的不同。这里所说的结果包含研究的某个阶段产生的研究成果，如阶段小结等；更包含整个研究告一段落时产生的研究成果，如文献综述、课例案例集、微讲座课件、师幼互动实录、研究报告、教育叙事、学习故事、园本课程等。

（三）成果展示异彩纷呈

幼儿园可搭建多样的平台展示主题教研的成果。可以通过口头发布，把研究成果说出来，与各位同人现场分享；可以通过文字发布，将好的想法写出来，变成文字发表出来；可以通过视频发布，将新的视点录下来，使其成为讲座的资料；可以通过活动进行展示，让幼儿的发展得以呈现出来；可以通过媒体发布，运用新的技术，让广泛传播的成果成为他山之石。

第三节　幼儿园主题教研的价值

教研活动看似只是幼儿园内教职员工提升工作能力的一种具体研修实践，实则在长期的演进中会产生影响幼儿园相关工作的力量。这种潜在的、深层次的影响，就是我们要说的教研活动的价值。主题教研也不例外。

一、形成教研文化

主题教研是为了切实帮助教师破解困境的一种教研，因此，活动本身对于那些希望改进工作的教职员工来说具有天然的吸引力。长期在这样有召唤力量的教研活动中，新的教研文化特征会逐步显现。

（一）主动参与

在主题教研中，参与其中的每个人虽然教龄不同、资历不同，但都有属于自己的问题要解决，所以会有一种内驱力促使其投身到解决问题的研究活动中。这种发自内心的需求感外化为积极主动的行为，带动整个团队形成向上的氛围，最终形成进取的力量。

（二）协同合作

主题教研中的同类问题、相似问题、复杂问题、跨界问题等，仅凭一个人的力量不足以解决，需要多人合作才能处理。在这个过程当中，大家会集思广益、献计献策，形成较为全面的改进方案。在具体实施的过程中，也可能因为多角度同时观察的需要，大家再次协同关注问题的解决。长此以往，同伴间的关系因为工作变得密切，协作精神也在其中逐步得到培养。

(三)共享借鉴

主题教研中的集中研修也好，具体实践也罢，每一个阶段任务的完成，必然会有观点的碰撞、思路的辨析、途径的选择、结果的交流。不管是经验还是教训，都是资源。通过共享，有用的值得借鉴，错误的可以避免。这种不需要避讳的直言的过程，就是共享的过程。

(四)坦诚融洽

有人计算过，幼儿园教职员工与同伴相处的时间多于跟家人相处的时间。也有学者提出工作即生活的理念。这两种观点集中指向一点：如果工作关系是愉快的，那么工作时间内的生活就是愉快的。主题教研过程中可能会有不同意见出现，也可能会产生争论，但正是这种坦诚相见的专业探讨，拉近了同伴间的距离，使大家感受到了真诚的帮助，体会到了知无不言、言无不尽的意义。在这样的活动中，融洽的同伴关系逐步形成，对幼儿园整体凝聚力的提高有着不可忽视的推进作用。

二、密切多方关系

主题教研因为关注问题、解决问题，在实施的进程中，在化解一些矛盾的同时，也潜移默化地改善了很多层面的关系，让多方力量汇合，产生心往一处想、劲儿往一处使的正能量。

(一)缓解园方与教师的关系

从办园模式上看，民办幼儿园占着学前教育的半壁江山。园方与教师的雇佣关系，时常因教师在专业提升上没有更多的机会而变得相对紧张。主题教研的展开会让教师感受到园方对自己专业成长的关注，感受到幼儿园的发展方向，进而提高对园方的信赖感与归属感，缓解园方与教师的矛盾。

案例点击

小张老师和小王老师是大学同班同学，毕业后，小张老师进入了公办幼儿园，小王老师进入了民办幼儿园。俩人见面时常聊到幼儿园的教育教学研究。了解到公办幼儿园针对年轻教师开展了有计划、有主题的专业提升研究工作后，小王老师特别希望自己所在的民办幼儿园亦能如此。小王老师在跟业务园长进行交流时真诚地表达了自己的羡慕之情与期望。幼儿园认为此想法很有价值，也开始转变教研观念，集思广益后从"年轻教师如何提高集体活动组织能力"开始，开展了主题教研工作。自此，几个想要跳槽的年轻教师稳定了心绪，增强了对幼儿园发展的信心。

该案例中的民办幼儿园听取了年轻教师的心声，适时开展了相应的主题教研。年轻教师在参与的过程中，既掌握了集体活动组织策略，专业上获得了进步与发展，又对幼儿园产生了归属感，对幼儿园的未来发展充满希望，幼儿园与教师之间的关系得到了改善。

（二）改进教师与幼儿的关系

主题教研直面教育教学中的问题，教师会在具体的研究实践中关注自身知识与幼儿需求之间的差异，关注自身行为与幼儿需求之间的差异，立足儿童、为了儿童，让"儿童中心"理念逐步变成自己的行为，师幼关系自然就会改进。对新入职的教师来说更是如此。

案例点击

某幼儿园在深入贯彻《指南》的过程中，教师在解决将培养幼儿的学习品质落实到具体的学习活动中这一问题时感到困难，于是，幼儿园教研组围绕"如何激发幼儿的好奇心"这一主题展开了研究。在实际的操作过程中，教师通过对好奇心的理论解构、对与好奇心相关联的幼儿的言行举止的密切关注，发现自己研究前忽略掉的诸如幼儿对天气变化的好奇、对植物生长的好奇、对周围环境中微小动物的好奇，都是幼儿弥足珍贵的良好品质，从内心到言行都对幼儿的表现产生了进一步的理解。

该案例中的教师通过参与主题教研，对幼儿好奇心的外在表现有了更为具体的了解，如注意和喜欢某一事物、积极提问、反应敏捷、持续考察与探索等[1]，进而在对幼儿表现的理解上产生了可喜的变化，能用专业的眼光捕捉、肯定幼儿日常中不经意表现出来的好奇行为，进而深入探讨对幼儿好奇心的激发。

（三）改善班级团队的关系

"三人行，必有我师焉。"目前，很多幼儿园的班级都按照"两教一保"（两位教学老师和一位保育员）的标准配备教师，一个班级的班级管理工作主要靠

---

[1] 胡克祖、袁茵：《儿童好奇心的发展与促进》，173 页，合肥，安徽教育出版社，2016。

三个人协作完成。同时，在主题教研的过程中，三个人的合作、分享也是较多的，为了达成一个共同的目标，团队关系也变得更加紧密。

案例点击

某幼儿园在进行"如何提高班级管理质量"的主题教研中，通过观察、访谈、研究发现，中(一)班"两教一保"三位老师在班级主班老师的组织协同下，积极主动参与幼儿园组织的班级管理主题教研，制定了追求最佳的工作目标，协商出了具有实操性的管理流程，创设了丰富的区域游戏环境，形成了与家长交流的工作规范，达成了要求一致的幼儿教育共识。三位老师以工作为重，遇事商量，相互扶持，班级各项工作效果较佳。

该案例中，幼儿园中(一)班的三位老师在进行"如何提高班级管理质量"的主题教研中，以将班级打造成幼儿学习与发展的乐园为目标，统一理念，统一行动，各项工作有安排、有落实、有方法；主动争取家长对班级工作的支持，班级与家庭形成合力；班级团队协同一致，把班级看作生命成长、专业成长的场所，工作中并肩战斗，生活中亲如家人，和谐共进。

(四)密切教师与同伴的关系

在主题教研中，教师与同伴常因共同研究、探讨、解决问题而聚首。大家或因一个观点而争论，或因一个思路而雀跃，或因得到一份帮助而感激，彼此之间相互信赖、相互依靠，拉近了心灵的距离，使得平凡的工作因主题教研而有了趣味、有了温度。

案例点击

小张老师是新入职的教师，她被分配到了各方面都很有经验的大李老师的教研组内，并以对方为青蓝结对的伙伴。在户外体育游戏的具体组织实践中，小张老师非常紧张，有时甚至不敢将孩子带到户外，因为自己无法做到收放自如。大李老师邀请小张老师观看自己组织的户外体育游戏，建议小张老师通过利用小型体育器械、减少无效等待、组织小组竞赛等方法进行尝试。小张老师逐渐对户外体育游戏的组织有了一定的把握。在大李老师主持的"如何有效组织幼儿户外体育游戏"的主题教研中，她鼓励小张老师把心得体会说出来，并肯定了小张老师所做的努力。小张老师对大李老师充满了敬佩与感激，大李老师也为小张老师的点滴进步感到由衷的欣慰。

该案例中，新入职的教师参加了幼儿园的主题教研，得到了有经验的教师的一对一指导。小张老师既通过观摩、借鉴、实践、反思，找到了户外体育游戏组织的策略，表达了自己的心得体会，又和师父之间建立了良好的同伴关系，实属难得。

（五）拉近教师与家长的关系

教师与家长的关系既可能是家园矛盾的导火线，更可能成为培育家园共育中坚力量的保障。主题教研实践会因为相关问题的解决，提高彼此之间的信任度，拉近教师与家长的人际关系，把家长变成促进幼儿身心和谐发展的合伙人。新型冠状病毒肺炎疫情防控期间，幼儿园积极开展以居家生活与保教指导为主题的研究，全力站在满足家庭需求的立场上，在线推送科学育儿资源，这是家园共育最好的例证。

案例点击

新型冠状病毒肺炎疫情暴发后，各级各类学校通过电视、网络等方式，开展了线上教育教学。幼儿园不开展线上教育教学，但可开展居家生活与保教指导。幼儿园在线对家庭进行居家生活与保教指导的目标、内容、方法，以及所提供资源的推送时机等，无论在理论上还是在实践上都没有更多的参照。面对如何在线对家庭进行网上指导的难题，某幼儿园调动研究力量主动作为，坚持问题导向，进行多次视频教研后，将家长对居家生活与科学保教的需求放在第一位，设计调查问卷对家长展开调查。随后，幼儿园组织教师再次研讨，根据对家长的在线指导需求的调查分析，结合幼儿园家园共育已有的经验，对幼儿园在疫情防控期间如何实施对家庭的在线指导提出六条建议：指导家庭帮助幼儿平复因疫情影响到的情绪，指导家庭帮助幼儿按照一日作息规律生活，指导家庭为幼儿提供自主管理的时间与空间，指导家庭利用生活资源开展亲子互动，师幼互动常态化保证家园共育效果，在线资源有计划、分层次推送。

该主题教研站在满足家长需求的立场上，一方面为幼儿园在线指导提供参照，有的放矢地推送居家生活与保教指导的相关内容，另一方面对家庭关注的重点内容予以相应指导。这既让家长感受到了幼儿园对家庭、家长及幼儿的关心，又缓解了疫情防控期间家长的焦虑心态，拉近了幼儿园与家庭的距离，使全体幼儿得到了家园一致的教育，为之后的顺利复学提供了保障。

三、管理水平明显提升

主题教研将广大教职员工的目光聚焦到自身专业发展与幼儿健康成长上

来。随着研究的不断扩展与深入，这自然会对幼儿园整体管理水平产生影响。

(一)外部环境满足幼儿愿望

对环境育人功能方面各种问题的系列研究，促使管理者重新审视幼儿园外部环境的改造与重塑。幼儿园外部环境的色彩、内部场地的规划都会变得有声有色，幼儿园会变成孩子们创造的场所。比如，幼儿园打算把围墙下面的杂草除去，使这块地方变成一个运动区域。这样的一个看似纯粹的行政方面的任务，如果变成教研的主题进行研究的话，就会产生多样的答案，尤其是去调查幼儿的意愿的话，一定会得到惊喜。这些答案可能跟最初的设想一点儿都不一样，但一定是为幼儿所喜爱的。

(二)办园理念生动有爱，富有个性化

我们经常看到幼儿园里有这样的标语——一切为了孩子，为了一切孩子。这些看上去完全正确，但缺乏个性。系统的主题教研会让办园理念更加具体可辨，会成就园所特有的课程框架与个性化的课程内容。比如，孩子们特别喜欢种植区，注重自然育人的幼儿园会通过主题教研"你想在种植区里看见什么植物"，将只能观赏的地块变成孩子们心心念念要来的地方。经过研究得到的方案，是生动的方案，是有生命力的方案。

案例点击

合肥绿城育华百合幼儿园自 2009 年建园以来，坚持"美好教育"的办园哲学。2018 年，该园提出"让儿童向着美好生长"的课程理念，践行"仁爱、求真"的园训，着力塑造"美好生活"教育名片。"美好生活"课程汲取来自优秀传统文化的养分，吸收来自教师、家长、幼儿主动发展的能量，带着对每一个明天来临的期盼与向往，引领幼儿向着美好生长。"美好生活"课程即当下的生活，幼儿在园的每一个当下，都是生动的课程资源，对幼儿的教育来自生活，又回归生活。"美好生活"课程即美好的情愫，春天的柳树发芽，夏天的荷花映日，秋天的层林尽染，冬天的踏雪寻梅，都是幼小心灵能够主动感受到的自然节律。"美好生活"课程即生长的儿童，自然生长的过程就是幼儿活动体悟的过程、兴趣延续的过程、能力发展的过程、品质养成的过程。"美好生活"课程即学习的经历，幼儿通过实际操作、亲身体验，去模仿、去感知、去探究，在做中学、玩中学、生活中学，逐步建构自己对周围世界的认识与理解。

(案例来源：合肥绿城育华百合幼儿园刘晓敏)

该案例中，幼儿园将"让儿童向着美好生长"的课程理念具化为儿童的生活、情愫、生长、经历，鲜活、具体、可视、有个性。正如专家所言，一个儿

童的早期保教经历就是他的人生经历，它可为儿童面向未来人生提供准备。保障每一个"生活在当下"的儿童过"有意义的生活"，将让他们未来的人生充实而精彩。①

可扫描二维码，阅读案例 1-3"幼儿园课程理念：让儿童向着美好生长"。

案例 1-3

幼儿园课程理念：
让儿童向着美好生长

(三)游戏活动有深度，形成系列化

幼儿的发展是在多样的活动中进行的，游戏活动就是其中重要的途径之一。为了避免幼儿在游戏中低水平重复，我们必然会对小、中、大班幼儿喜欢玩什么游戏，这些游戏的层级与关联是怎样的，幼儿在玩游戏时个体的言行是怎样的，幼儿与同伴之间的交流是怎样的等开展系统的主题教研，进而在游戏内容、材料、场景、互动等方面给予幼儿学习与发展的支持，通过反思、改进、优化，将有梯度、有内涵的课程内容游戏化，让幼儿在游戏中不断地有所获得、有所进步。

(四)教育教学质量逐步提高

教研工作是学前教育实践体系的重要组成部分，是多形式、多层次地浸润在整个教育实践过程中的，是提升教育质量的重要保证。②

幼儿园教育质量主要指幼儿园教育活动是否满足幼儿身心健康发展的需要及其满足幼儿身心健康发展需要的程度。③ 今天，在对与幼儿成长直接相关、对幼儿成长具有正面影响的保教质量要素的认识上，研究者之间已有相当程度的共识，即认为保教质量主要由两个关系密切的要素组成。一个是"过程质量"，它是反映幼儿在保教机构中感受到的体验和获得的经验方面的要素，其中非常重要的一点是，"对于儿童的社会性行为，保育者是与之共鸣，给予肯定的应对，并积极鼓动儿童参加游戏活动呢，还是无视儿童的行为，缺乏任何积极的互动"④；另一个是"条件质量"(或称"结构质量")，它是反映幼儿所处的周围环境的状况方面的要素，往往是由政府来规定的。

从这个角度来看，幼儿园主题教研中对教师执教能力的提升，教师对幼儿

---

① ［日］大宫勇雄：《提高幼儿教育质量》，李季湄译，6~7 页，上海，华东师范大学出版社，2014。

② 虞永平：《幼儿园教研需要革命性转身》，载《中国教育报》，2017-11-05。

③ 宋爱芬、盖笑松：《师幼互动质量干预课程设计及其实施效果》，载《学前教育研究》，2019(5)。

④ ［日］大宫勇雄：《提高幼儿教育质量》，李季湄译，43 页，上海，华东师范大学出版社，2014。

在生活活动、游戏活动、教学活动中言行的关注与理解，教师与幼儿互动的情形与效果，幼儿园与家庭、教师与家长之间的关系等问题的系统性研究，显然会促进幼儿园保教工作过程质量的提高。幼儿园开展的诸如环境的创设、社区资源的利用、园所文化特色的打造、园本课程的建构等主题教研，又会为幼儿园条件质量的逐步提高注入力量。

第四节　幼儿园主题教研的目标

主题教研需要达成的目标，就是通过主题教研，幼儿园的保教工作会发生怎样的改变。这些变化是可以通过一定的方式衡量的，是主题教研的直接追求。

一、幼儿可持续发展素养得到培育

严格来说，幼儿园所做的一切工作都是为了促进幼儿的身心和谐发展。在一日生活皆课程的理念下，幼儿在园发生的一切活动都蕴藏着学习与发展的内涵。主题教研强调以幼儿为主要研究对象，因此，主题教研的首要目标就是促进幼儿的发展。

（一）具有宽广的眼界

迈入新时代的幼儿有许多汲取信息的途径。主题教研要为幼儿打开认识自己、认识周围、认识社区、认识世界的窗户，通过他们感兴趣的植物、动物、玩具、图书、游戏等，给他们推送系列的相应内容。比如，"对小班幼儿感兴趣的动物的叫声的研究""关于如何应对中班幼儿不停问为什么的研究""关于大班幼儿对各国国旗的认识的研究"等，都能够很好地将幼儿带到更加广阔的知识海洋里畅游。

（二）掌握基础的方法

我们常说，授人以鱼，不如授人以渔，说的是学习的内容是无尽的，掌握认识世界的方法才更加重要。幼儿需不需要方法？能不能掌握方法？可以给他们哪些方法？怎样给他们方法？这些都是值得去思考、去关注、去探讨的问题。比如，中班幼儿在种植区观察各种植物的不同，对它们非常好奇。教师发现他们的交流缺少方法，但不知如何解决，为此以"中班幼儿观察与比较种植区植物的方法"为主题开展教学研究，通过实践中的师幼互动，让幼儿习得了从植物的色彩、形状、高低及叶子、花朵等入手进行观察与比较的方法，并推而广之。比如，大班教师发现幼儿学习测量后，对幼儿园里哪棵树是最粗的产生了疑惑和兴趣。教师就可以"怎样帮助大班幼儿获得更实用的测量方法"为主题开展教学研究，在有趣的互动中，帮助幼儿习得比较、目测、记录等方法。教师这种真实、有效、深度的支持，对幼儿后续的学习是非常有益的。

(三)习得良好的品质

《指南》中指出，幼儿在活动过程中表现出的积极态度和良好行为倾向是终身学习与发展所必需的宝贵品质。主题教研就是要通过对幼儿日常言行的关注，逐步培养幼儿良好的学习品质。比如，中班教师发现班级幼儿做事有点像小熊掰玉米，做了这件事忘了那件事，家长对孩子的这种行为也感到很苦恼。面对这样的问题，教师可以通过开展"中班幼儿坚持力培养的途径与方法"的主题教研活动，在辨别、分析幼儿出现此类情况的原因后，通过引导幼儿完成感兴趣的事情或任务，逐步延伸到引导其完成其他活动，切实帮助幼儿养成做事持之以恒的习惯。对关乎幼儿可持续发展品质的研究的意义，远远大于那些枯燥的技能训练或揠苗助长式的超前知识培训。

二、教职员工专业能力得到发展

主题教研在问题解决的道路上前行，过程中的每一步都会促进教职员工重新认识让自己感到陌生或者熟悉的工作。青年人会找到成长的路径，资深者会突破瓶颈的制约。

(一)丰富专业知识

2012年，教育部颁布的《幼儿园教师专业标准(试行)》中提出，教师要"了解关于幼儿生存、发展和保护的有关法律法规及政策规定""掌握不同年龄幼儿身心发展特点、规律和促进幼儿全面发展的策略与方法""了解幼儿在发展水平、速度与优势领域等方面的个体差异，掌握对应的策略与方法""了解幼儿发展中容易出现的问题与适宜的对策""了解有特殊需要幼儿的身心发展特点及教育策略与方法"。仔细阅读后我们不难发现，这些具体的文字都是对教师专业知识方面的要求。主题教研正是与之呼应的一种研究方式，发现问题、解决问题的过程都要基于儿童发展教育学、心理学、精神哲学等的专业理论。所以，关注幼儿行为，尊重幼儿学习方式、学习特征、学习过程的主题教研，必然是提升教师专业理论水平的教研。

此外，教育部于2012年颁布的《幼儿园教师专业标准(试行)》、于2015年颁布的《幼儿园园长专业标准》中，不论是对教师还是对园长，都要求做到具备一定的自然科学、人文社会科学知识。实际上，幼儿园教职员工在教育幼儿的过程中，也的确会遇到知识储备不足的尴尬，尤其是自然科学以及高科技方面的知识。比如，幼儿会问到"5G是什么？""为什么能用手机跟爸爸妈妈视频？""天上的云从哪里来？""玉兔号月球车在月球上做什么？"等。在对这些问题的梳理与研讨中，教师通过对知识的集中学习或自学，扩大了知识面，弥补了作为全科教师在知识上的不足。

（二）掌握关键技能

主题教研中，在教育教学现场，专业技能可以得到不断展示与提升，如捕捉教育契机、化解幼儿间的矛盾、给幼儿最佳时机的支持等。对这些技能的掌握，也是主题教研的重要目标。

（三）成就每个儿童

主题教研的系列问题涉及每一个孩子的适应性成长。《指南》明确指出，"每个幼儿在沿着相似进程发展的过程中，各自的发展速度和到达某一水平的时间不完全相同"。主题教研遵循的是充分理解和尊重幼儿发展进程中的个别差异，以问题解决为抓手，极力清除幼儿成长道路上的障碍，帮助每一个幼儿找到方向，支持和引导他们从原有水平向更高水平发展，按照自身的速度和方式到达。

三、教研活动效度得到提高

讲到教研活动的效度，大家想到的可能是经过几番功夫得到的一次完美的集体教学活动，可能是经过轮番作战培养的一个教学能手，也可能是创建的一个琳琅满目、材料多样的幼儿活动室。这些，主题教研自然也是要追求的，但是却不尽然。主题教研力求做到的是通过系统的、系列的问题解决，让教研效果最大化，让付出的劳动与呈现出来的结果之间有更高的性价比。

（一）看得见的理论学习

学习理论知识是每一种教研活动都有的内容。主题教研的理论学习，我们称之为"接地气"的学习，就是将高深的专业理论与真实的教育教学场景进行关联，让理论变成看得见的实践，再回到实践中应用。比如说，学习关于"幼儿主动学习"的相关理论，主题教研的学习范式是：说出你认为的—读出你学到的—找到你看到的—写出你做到的。在这样的循环中，理论学习从枯燥的读书变成有趣的对照游戏，即内心所想与理论的对照、他人实践与理论的对照、自我实践与理论的对照。一次学习，多方受用，既使内隐的知识与外在的行为产生了连接，也将权威的理论变成了自己的语言。一次完美的深度学习就此实现。

（二）摸得着的活动安排

主题教研的学习与实践活动是有序的、连续的、交替的、循环的。主题教研的研究主题确定以后，教研组织或教师个人就要对研究活动进行设计与安排。严格来说，对于自己要解决的问题、要做的事情，每个人是清晰明确的、主动自觉的，而不是等待别人的安排。所以，每个人对下一步要做什么是清楚的，而不是丈二和尚——摸不着头脑。就像企业生产有自己的流水线一样，这种有序的活动也会在实际操作过程中有章可循。

（三）讲得清的研究进展

主题教研根据活动计划按序展开，每个参与的人员每周（或间隔一段时间）要根据自己的研究情况进行交流汇报，说清楚自己的问题是什么、近期做了哪些事情、有哪些发现、完成了怎样的任务等。这种周清月结的工作推进机制，让教师有机会把自己手头上的研究做一个小结，进而厘清下一步研究任务。小步递进的模式，对于最终在规定的时间内完成全部任务，无疑是最好的保障。

第五节　幼儿园主题教研的任务

幼儿园主题教研的任务，指的是为了解决实际的教育教学问题，教研组织或教师个体需要做的具体工作。

一、发现问题，用专业的视角观察幼儿

主题教研的首要任务，就是要发现幼儿园教育教学工作中的问题。爱因斯坦说过，提出一个问题往往比解决一个问题更重要。学贵有疑，一个好问题能激发出不同层面的答案。故发现问题、提出问题不是一件简单的事情。

（一）培育问题意识

通常情况下，人们在非常熟悉的工作中，往往发现不了明显存在的问题。比如，教研人员或专家去某幼儿园进行教学视导，会很容易发现该园早操活动中幼儿动作不标准、不规范的问题，而该园管理人员以及带班教师则不容易发现。问题意识不强的原因是理论与实践脱节，明明知道幼儿只有动作标准才能达到锻炼的目的，却不能与具体工作相连接。问题意识反映了教师对幼儿真正的尊重，对工作的严谨态度及高标准要求。强烈的问题意识需要通过相应的培育才可以形成。当教师在工作中抱有专业的视角时，会时刻心系幼儿，时刻关注幼儿。

（二）培养提出问题的勇气

很多年轻教师在最初的工作阶段会遇到很多困惑，如进行集体教学活动时心里只有自己的任务，不能很好地进行师幼互动，更谈不上满足幼儿的需求，几分钟内就完成了一次活动等；但经常不敢、不愿、不想提出这些问题。直面自己的不足，把问题说出来，是一种专业的觉醒。因为这些问题是教师这个角色才会遇到的问题，提出来是为了更好地与幼儿产生互动。

(三)从浅层次问题开始

教师最初发现、提出的问题，应该是明显可以看见、听见或感受到的，如某个幼儿总是喜欢去建筑区游戏，班级里好几个幼儿都说某个幼儿爱捣乱、爱欺负人，这几天某个幼儿情绪上有些低落等。对浅层次问题的关注，是教师专业行为的外显，会让教师逐步走进儿童的内心，非常有价值。

(四)发现深层次问题

随着教师专业理论储备的丰富，教师会发现影响幼儿行为背后的原因。比如，小班幼儿拿着擦手巾边擦边玩，一会儿说这是小飞毯，一会儿揉搓揉搓，说它又变成了面团等。观察到这些现象后，教师不会简单地认为幼儿不遵守规则，会想到这是幼儿想象力丰富、语言表达能力良好的体现，会想到要为幼儿提供相应的环境与发展机会等。深层次问题的发现，是主题教研的重要环节。

二、整理问题，养成有逻辑的思考习惯

当我们有了强烈的问题意识以后，就会发现，原来大家熟悉的工作中竟然存在这么多的问题。这个时候，我们就需要对问题进行整理，以便开展下一步的研究工作。

(一)归类法

教师可以将问题按照一定的标准进行归类。比如，将收集到的天文地理、现代科技等方面的问题，按照五大领域进行归类；将收集到的幼儿的注意力、好奇心、自我控制等方面的问题，按照儿童心理发展的不同方面进行归类。通过归类，教师能够发现问题的关联性与逻辑性，便于研究时更加清晰地找到相应的理论依据。

(二)比较法

运用比较法，我们能够发现差异。比如，不同班级的教师都提出了美工区幼儿在绘画时作品内容趋同的问题。面对这样的问题，大家可以将幼儿的行为及作品进行对照，进而发现这些现象出现的真正原因，然后分别进行必要的改善，也就是进行主题教研。

(三)优先法

当某个教师面临多个问题时，他可以采取优先法，来确定从何下手去做研究。比如，新入职的教师进入班级后，会遇到幼儿管理问题、自己的教学问题、与同伴融合的问题、与家长交流的问题等。这么多问题摆在面前，哪个是最需要尽快解决的，就将哪个问题放在最近的时间段内着重研究解决，其他问题可以稍后解决或作为同一时间段次要的问题一并解决。

三、解决问题，促进幼儿健康成长

主题教研的直接任务，就是通过一定的途径和方法，对提出的问题进行剖析并逐步解决。

（一）诊断、分析问题产生的原因

每个问题的背后都可能潜藏着多种原因，我们需要借助相关的专业理论、文献进行问诊把脉，把让人摸不着头脑的混乱状况梳理清楚。比如，关于"自主游戏中的师幼对话怎样才算有效"的问题，里面可能会涉及对话时机、对话方式、对话内容、对话技巧等因素。我们需要依据班级师幼日常语言交往的实际，找到问题的症结所在，然后逐一解决。

（二）找到问题解决的切入点

我们在解决问题时，只要找到牵一发而动全身的那个点，并以之为切入点深入剖析，就会达到事半功倍的效果。当然，问题不同，切入点也是不一样的，我们需要对其进行剖析、研判。比如，关于"怎样提高阅读区对大班幼儿的吸引力"的问题，我们会在对大班幼儿参与阅读的情况进行实际调查的基础上，分析阅读区吸引力丢失的主要原因，从阅读区图书更新、阅读区环境创设、阅读区附加功能添加等方面突破，以优化阅读区活动为切入点，增设"绘本故事我来画""绘本故事擂台赛"等活动，满足大班幼儿前书写以及在众人面前表达表现的需求，保持阅读区对幼儿的吸引力。

（三）寻找可供借鉴的经验

幼儿园教师尤其是年轻教师在工作中遇到的很多问题，很大一部分都已经有专业人士关注过、研究过，并提供了可供借鉴的方法或途径。教师要善于借他山之石解决相应的问题。我们可以在阅读原著文本的过程中找到需要的答案，也可以通过搜索引擎在知网中找到相应的答案，更可以在观摩他人的教育教学实践中找到答案。这些间接或直接的经验，经过消化吸收、内化改进，再结合自己的工作实际，就会变成我们解决问题的方法。

四、提供策略，保障教研工作质量

主题教研的另一个重要任务，就是通过问题解决，提供同类问题的一般性或者说通用的解决策略。

（一）提供解决问题的路径

所谓路径，就是从哪里开始，沿着什么方向走，怎样到达终点。主题教研的问题解决路径，指的是我们对问题进行研究时都可以遵循的思路。主题教研一般以发现真实问题为起点，接着用剥笋的方式对问题进行把脉，再用集体会诊或专家门诊的方式进行诊断，然后到具体实践中开展行动研究。这种有序的

循环，适用于各种类型的问题研究。（图 1-2）

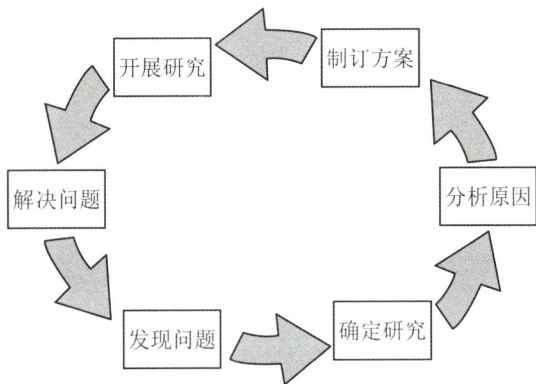

图 1-2　主题教研问题解决基本路径图

（二）研制解决问题的工具

这里所说的工具，指的是在主题研究中要用到的专业性的支持，主要是针对解决具体问题的需求而设计的，可以是评价指标，可以是访谈提纲，可以是调查问卷，也可以是记录表格等。比如，在"大班集体教学活动中幼儿有意注意分散的表现"的主题教研中，我们要将幼儿注意力不集中的具体表现进行记录，将教师言行对幼儿有意注意的影响的相关情况进行记录等[①]。由此研发出来的观察表，也就是我们解决问题时要用到的工具。类似的工具，在解决同类问题时可以借鉴，具有一定的普遍意义。（表 1-3）

表 1-3　大班集体教学活动中幼儿注意力不集中的具体表现观察表

观察对象	第 3 分钟	第 6 分钟	第 9 分钟	第 12 分钟	第 15 分钟
小鱼			③		①
小飞	①		④		⑤
小妞		②			
小朵			③	④	

注：表内数字的含义如下。①向别处张望；②低头自言自语；③晃动自己的小椅子；④打扰身边同伴；⑤自由站立或行走。

（三）提供解决问题的模式

模式是人们在生产生活实践当中通过积累而得到的经验的抽象和升华，是解决某一类问题的方法论。主题教研在问题解决的过程中，通过提炼、概括具

---

① 沈雪梅：《学前儿童发展心理学》，48～54 页，北京，北京师范大学出版社，2016。

体的实践经验，提出相应的问题解决模式。比如，在组织社会领域集体活动时，多数教师会以谈话的方式展开，过程中也多以师幼对话、同伴交谈等方式进行，这很容易与语言领域的学习活动混淆。由此，"幼儿园社会领域集体活动的组织策略"主题教研展开。通过对幼儿社会性发展规律的学习，教师懂得了要遵守知、情、意、行四个维度的设计原则，掌握了从幼儿已有生活经验入手，结合生活、建立认知，置身场景、产生共情，内化概念、形成意识，操作实践、真实行动的基本流程，进而区分出了社会领域集体活动与语言领域的学习活动在组织策略上的不同，归纳出了"幼儿园社会领域集体活动设计模式"。（图1-3）

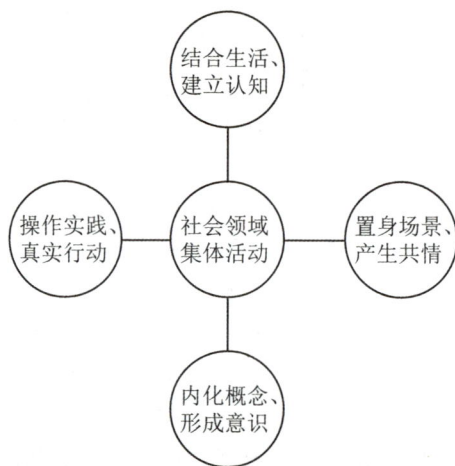

图 1-3　幼儿园社会领域集体活动设计模式图

（四）提供解决问题的策略

策略是在一个大的"过程"中进行的一系列行动、思考、选择，含有计策、对策、谋略、方略的意思。[①] 主题教研在解决幼儿园具体教育教学真实问题的行动中，通过实践、反思、再实践、再反思，会总结出对某个或某类问题的解决对策、方案等。例如，在幼儿园集体活动中，教师对评价与幼儿学习之间的关联思考不够，基于此展开"幼儿园集体教学活动的评价研究"后，形成了对评价活动的系统认识、相应观点，也就是可供借鉴的策略。

案例点击

在幼儿园教育教学活动中，进行适时有效的评价，是教师应该掌握的基本技能。"教育评价是幼儿园教育工作的重要组成部分，是了解教育的适宜性、

---

① 杜文平：《师生互评的运行机制、策略和特点》，载《教学与管理》，2016（13）。

有效性，调整和改进工作，促进每一个幼儿发展，提高教育质量的必要手段。""评价的过程，是教师运用专业知识审视教育实践，发现、分析、研究、解决问题的过程，也是其自我成长的重要途径。"某幼儿园中的年轻教师对集体教学活动中如何进行相应的评价深感困惑，幼儿园据此展开了跟进式的主题教研。通过深入真实的教学场景，教研组发现教师对于活动中何时进行评价、在哪些方面进行评价、可以对哪些情况进行评价、怎样进行有针对性的评价，以及评价时的态度等存在模糊认识。幼儿园经过多轮课例研修，反复捕捉评价的有效信息，提炼出了有价值、可操作的评价策略。

该案例中，对幼儿园集体教学活动中常见的教师评价问题，幼儿园从评价的时机、评价的范围、评价的态度、评价的针对性等方面，系统地阐述了评价对幼儿学习与发展的促进作用，为同行提供了值得借鉴的实用性较强的策略参考。

可扫描二维码，阅读案例1-4"幼儿园集体教学活动中的评价策略"。

总结、归纳、抽象出问题解决策略，是主题教研的一个重要任务。问题是无穷尽的，但是就同一类问题的解决而言，策略是方法论，是可以通用的。

案例 1-4

幼儿园集体教学活动
中的评价策略

第二章　幼儿园主题教研的设计

　　主题教研的良好成效，取决于切实的、可操作的设计。教研主题的选择与确定、教研计划的制订、教研形式的选定，是主题教研设计的基本内容。

第一节　教研主题的选择

　　幼儿园主题教研展开的基础，是确定了要去探讨、解决的教育教学中的主要问题或者问题的主要方面。幼儿园主题教研涉及的问题范围较广，既有关于幼儿园长远发展层面的问题，也有关于幼儿园教育教学管理层面的问题；既有教师专业提升层面的问题，也有幼儿学习与发展层面的问题等。选择什么样的问题作为教研主题尤为重要。

一、教研主题的切入点

（一）共性问题

　　从研究的视角审视幼儿园工作，我们就会发现很多看似平常的事务或现象中都蕴藏着值得探讨的研究价值。通过对这些普遍存在的共性问题进行持续不懈的追溯，我们可以发现隐藏在问题背后的原因，梳理出问题的症结，找到突破的办法，从而实现对问题的解决。（图 2-1）

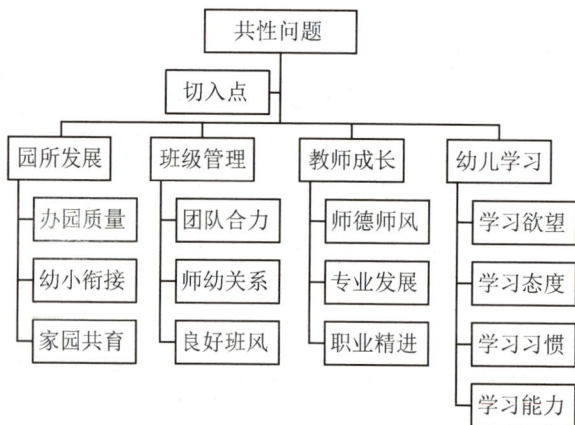

图 2-1　幼儿园教研主题可选择的共性问题切入点

1. 幼儿园发展中存在的问题

随着新时代社会矛盾的变化，家长对幼儿园科学、规范地办学的期望值逐渐增加。幼儿园只有通过对发展过程中影响质量的因素进行系统研究，才有可能走在高质量发展的道路上。

(1)幼儿园办园质量的提升

幼儿园作为基础教育的有机组成部分，有责任对影响办园水平的因素加强研究。以幼儿为本的教育理念落地到何种程度？以游戏为基本活动的教学理念落实到何种程度？进行操作、体验式学习的环境创设到何种程度？幼儿园可以从这些挂在嘴边、司空见惯的问题中选择一个切入点，陆续展开主题教研，通过较为持久的关注，使问题逐一得到解决。

(2)幼儿园与小学的衔接

幼小衔接这个话题一直以来备受社会各方关注。幼儿园在认识层面上高度重视，在行为层面上也招数频出。但至今为止，对去小学化背景下的幼小衔接到底包括哪些内容、何时开始衔接、怎样衔接才更加科学有效等问题的回答，仍然仁者见仁、智者见智。可选定幼小衔接的某一个方面渐次展开主题教研，通过多方位探讨，逐步形成本园的解决方案。

(3)幼儿园与家庭的联系

从现有资料可以看出，家园联系的形式可谓多样，"互联网＋"时代又为家园联系增添了更多的手段与渠道。但是，幼儿园对家园共育在行为层面的关注、研讨，家园联系的目标、内容等，教师与家长交流的内容、频次等，对于以上问题，我们仍然可以通过主题教研的途径，进行深刻的反思与探究。

2. 班级管理中存在的问题

班级是幼儿园的基本组成单位，班级管理的质量直接影响到幼儿的身心发展，关系到家长对幼儿园工作的体验，影响到幼儿园的保教质量。

(1)团队合力

班级管理的重要影响因素是教师与保育员之间的配合。班级管理不仅靠主班教师的智慧，更重要的是靠团队的合作。教师与教师之间、教师与保育员之间的教育理念是否一致？教育目标是否明确？遇到问题时能否协同面对？日常管理中能否相互帮助？可以将这些问题作为主题教研的内容，对其展开探讨。

(2)师幼关系

密切的师幼关系是教师、幼儿学习与成长的精神支持。教师怎样面对每日看似重复的工作？怎样看待幼儿不断变化的言行举止？怎样真诚地、耐心细致地对待幼儿的吃喝拉撒？怎样应对不停地刨根问底的幼儿？怎样做幼儿学习的引导者、支持者、帮助者？这些问题都可以作为教研的主题。

（3）良好班风

班级的风格、风气、风貌、风采就是班级教师与幼儿精神状态的表征。教师与保育员怎样利用自身优势打造班风？怎样发挥幼儿的潜能，使其参与班风建设？怎样吸引家长关注班风的形成？怎样在各种活动中展示班风成果？对这些问题进行研究也是很有价值的。

3. 教师成长中存在的问题

在由新教师走向成熟教师、骨干教师甚至学科带头人的道路上，幼儿园教师经历着非同寻常的成长磨炼。在这个过程中，教师一方面致力于缩小与教育对象的心理距离，直至相互融合；另一方面实现专业领域知识水平与能力的快速提高。其间会产生许多值得关注、值得研究的问题。

（1）师德师风

师德的基础是教师对自己作为社会人这一角色的认同与塑造。怎样突出教师作为社会人的角色？怎样在社会人与自然人之间切换？怎样追随职业不断修为？这些都是可以深入探讨、实践、反思的。

（2）专业发展

专业上的提升能够支持教师在教育教学中游刃有余地工作。跨界学习对工作有何价值？实践中专业水平怎样体现？遇到专业问题时有无话语体系？自己的教育教学风格是怎样的？幼儿喜欢自己的原因有哪些？这些总结提升类的问题，亦可作为主题教研的话题。

（3）职业精进

工匠精神在幼儿园教师身上体现为有明确的职业规划，知道自己到底要做怎样的教育人。教育学、心理学、哲学等前沿理论自己知晓吗？先进的教育方法与技术自己了解、掌握吗？幼儿潜在的学习与发展自己能看见、说出、写下来吗？对理论与实践之间的连接自己有独到的观点吗？将这些具有普遍性的问题作为主题教研的问题进行探讨，可以获取值得借鉴的规律性的方法。

4. 幼儿学习中存在的问题

进入 21 世纪，知识更新速度不断加快。有人预测，生物学知识量每 5 至 6 年就会翻一倍，科技知识量每 7 至 8 年就会翻一倍，计算机通信技术和机器人技术的某些数据过 3 年就会被淘汰，新一代电子芯片每隔 1 年半就会出现。因此，学习不再仅仅是储存前人累积的经验，而是长期的、持续要做的事情。幼儿在活动过程中表现出的积极态度和良好的行为倾向是终身学习与发展所需的宝贵品质。对影响幼儿持续学习的相关要素进行探讨，是幼儿园主题教研的主要内容。

（1）学习欲望

法国教育家卢梭在《爱弥儿》中指出，让孩子产生学习欲望，那么一切方法都会是好方法。对世界充满好奇是幼儿的天性。幼儿喜欢不停地问这问那，不停地要你回答没完没了的"为什么"，这些就是求知欲最典型的表现。只有当他对某件事情充满好奇，并决定为解决这个问题付出努力的时候，才可能有无穷的学习动力。这是影响学习习惯的一个核心问题。怎样回应幼儿对世界的好奇并与之互动？怎样利用游戏与活动激发幼儿的奇思妙想？提供怎样的环境才能满足幼儿的探究欲望？对这些能让幼儿抱有持续学习愿望的问题进行探讨，能够提升幼儿园主题教研的品质。

（2）学习态度

学习者的态度比他储存在大脑中的很快就贬值的事实性知识更重要。[①] 态度决定一切。作为幼儿学习的启蒙者，幼儿园教师在关注幼儿学什么的同时，更要关注幼儿学习（一日活动）时的状态。幼儿一日活动中的兴致是怎样的？幼儿一直以来都喜欢入园的原因是什么？幼儿对周围环境感到好奇吗？幼儿对四季变化有关注的兴趣吗？探究这些事关幼儿的可持续发展素质的话题，是幼儿园主题教研的视角之一。

（3）学习习惯

习惯是一种动力定型，是一种自觉行为。好的习惯终身受用。有人采访诺贝尔奖获得者，询问其成功的秘籍："你们是在哪里学到了你们认为的最重要的东西？"白发苍苍的学者们给出的回答出人意料："在幼儿园。"采访者再问："在幼儿园里你们学到了什么？"学者们说："好的习惯。比如，把自己的东西分一半给小伙伴，不是自己的东西不要拿，东西要放整齐，饭前要洗手，午饭后要休息，做了错事要表示歉意，自己的事情自己做，学习时要思考，观察要仔细等。"正如学者们所言，幼儿期是很多习惯养成的关键期，我们要格外重视。幼儿学习时注意力能否保持？在进行一项任务时能否自始至终地坚持？自己的物品摆放得是否有序？能否独立解决问题？着眼于对幼儿学习习惯问题的探讨，是有质量的主题教研的研究方向。

（4）学习能力

学习能力是所有能力的基础，是学习时各种能力和潜力的总和。幼儿在学

---

① ［法］安德烈·焦尔当：《学习的本质》，杭零译，176 页，上海，华东师范大学出版社，2015。

习时知道自己要做什么吗？在解决一个问题时是否有自己的计划？遇到困难时是选择退缩、寻求帮助还是设法解决？能否将自己学到的内容用语言或简单的图示表达出来？将这些有关幼儿深度学习的问题作为教研主题是非常有价值的。

（二）个性问题

主题教研在关注共性问题的同时，也必然会关注到本幼儿园特有的相关问题。（图 2-2）

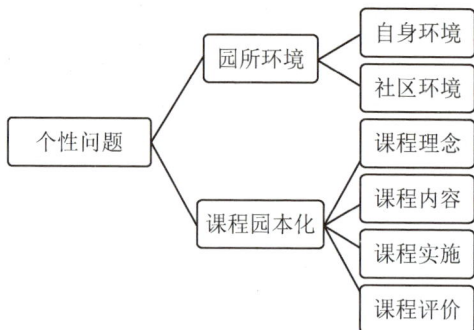

图 2-2　幼儿园教研主题可选择的个性问题切入点

1. 园所环境中的有关问题

（1）园所的自身环境

环境育人的理念已被广泛认同，每个幼儿园在其建设之初及升级改造时，都会将环境对幼儿学习与发展潜在的影响作为重要的参考指标。环境的色彩、结构对幼儿审美有何价值？环境中的植物如何与幼儿的学习产生关联？环境是否能明显反映四季更替？环境能否促使幼儿产生探究的愿望？这些问题对促进生活教育理念的落地意义重大，也是需要通过主题教研的深入研究才可以解决的。

（2）园所的社区环境

社区环境也同样重要，它以协同的方式发挥作用。环境能刺激学习，并赋予学习意义。随着社会治理现代化的进程不断加快，幼儿园与社区的联系越发多样。社区自然资源怎样为幼儿园所用？社区文化资源对幼儿园园所文化有哪些影响？社区内的博物馆资源、艺术馆资源、大学资源、企业资源等能否帮助幼儿开阔眼界？幼儿园能否向社区展示教育教学成果？对这些问题的探讨与实践，对帮助幼儿园获得社会的认同、促进幼儿社会性发展等，有着不可估量的价值。

2. 课程园本化过程中的有关问题

（1）课程理念的确立

《指南》实施以来，以幼儿学习与发展的关键经验为核心要素开发的课程层出不穷。课程自然化、课程生活化、课程游戏化等以园为本的课程设计，近年来成果凸显。在课程园本化的过程中，课程理念的确定缘起于何处？理论依据有哪些？有怎样的实践基础？怎样让教职员工及家长参与其中？对这些问题的解决必然依赖主题教研。衡量问题解决效果的关键指标，就是看幼儿是否得到了整体性的发展，这是课程园本化的基点。在课程个性化的当下，对课程理念的研究有着很强的现实意义。

（2）课程内容的建构

支撑课程园本化的重要因素是课程内容的建构。课程结构能否体现幼儿德智体美劳全面发展的目标？课程内容怎样体现五大领域的实质性要求？怎样保证课程内容不是资源的简单堆砌？课程能否促进不同年龄段幼儿有规律进步？对这些问题进行探索与研究，既是课程园本化的重要抓手，更是《指南》得以落地的重要保障。

（3）课程实施的跟进

课程实施是把静态的课程方案转化为动态的课程实践的过程[1]，是幼儿园教师与幼儿一起，创造性地演绎课程内容的过程。课程实施因教师对课程理念与内容的把握不同而丰富多彩，因幼儿在具体活动中的积极投入而生动活泼。教师能否依据课程内容选择适宜的学习形式？师幼互动中能否调动幼儿全面参与学习？教师能否关注到幼儿深度学习的发生？课程实施中的问题多样、复杂、充满个性，是主题教研的关注重点。

（4）课程评价的落实

对课程效果的检验即对课程的评价。幼儿园课程评价的落脚点是促进幼儿的学习与发展。幼儿在多样课程中的学习是如何实现的？不同类型课程的评价标准如何界定？过程性评价与终结性评价如何结合？怎样判定幼儿在课程中有所发展？课程评价中的问题解决，直接关系到幼儿的身心发展，是主题教研的难点。

二、教研主题的类别

主题教研关注的问题繁多庞杂，可以按照不同维度进行分类，以便于研究工作的有序开展。（图 2-3）

---

[1]　郑健成：《学前教育学》，64 页，上海，复旦大学出版社，2007。

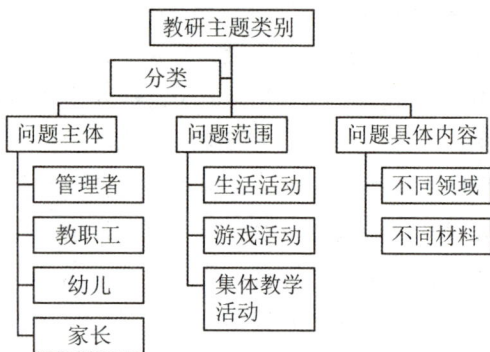

图 2-3　幼儿园教研主题可选择的类别

（一）以问题主体区分

问题主体指的是与幼儿园工作直接关联的各类人群。他们职责不同、使命不同，在与幼儿园同呼吸、共命运的过程中，会产生相应的问题。

1. 管理者方面的问题

"管理出效益"讲的是科学合理的管理，对工作的推进有着事半功倍的作用。在传统的教研活动中，针对管理方面的问题进行集中研究探讨是不多见的。而在实际工作中，管理问题直接影响到幼儿园与教师、与家长、与教学的关系。管理氛围是否民主？管理措施是否充满人文关怀？管理方法是否具有弹性？管理制度能否把教师的注意力聚焦到追寻专业成长上来？是否立足于家长的需求与合理期望展开家园共育？这些问题的解决效果直接影响到幼儿园的发展方向。

2. 教职工方面的问题

幼儿园一日活动中保育与教育是否无缝对接？各类人员之间能否全面协同？班级保教人员对班级管理的理念能否达成一致？教师教育教学技能是否完备？能否很好地把握各类活动的教育价值并合理组织？能否创造性地开展各类活动？能否准确地为幼儿学习提供支持与帮助？幼儿园是否对教职工在思想、师德、生活、工作中可能存在的困难或问题进行了预设与关注？教职工方面问题的系统解决，是幼儿园日常运行的强力保障。

3. 幼儿方面的问题

如果说传统教研比较注重教师怎样才能教得更好，那么，主题教研注重的就是幼儿怎样才能学习得更好、发展得更好。《指南》倡导的幼儿学习观，更多的是指导学前教育工作者深入研究激发、保持幼儿的学习兴趣与动力的方法，尊重幼儿的学习方式，创设理解和激励幼儿的环境，进行积极的、有效的互动，保障幼儿能动手动脑、探究创造，等等。这些问题的解决，是早期教育的重要任务。

4.家长方面的问题

密切的家园关系是良好的家园共育的前提。创建与家长的良好关系是优质保教实践的中心问题。传统教研中，对家长工作研究的关注点在家园共育的形式上。幼儿园有无家长工作计划？是否像研究教育教学一样研究家长工作？是否对教师与家长的交流提出了具体的要求？是否借助互联网＋媒体技术延展了家长工作的空间与时间？各年龄班有无系统的家园共育目标、内容、方法？家长方面的问题解决，是避免家园矛盾发生的关键，是提高幼儿园教育质量的重要影响因素。

（二）以问题范围区分

这里所说的范围，基于的是幼儿在园的主要活动。幼儿在不同的活动中，因跟环境、教师、同伴的交互而呈现出各种问题。

1.生活活动的问题

生活即教育。幼儿在园的吃喝拉撒睡活动中，有着诸多的教育资源与教育契机。怎样让幼儿做到安静、愉快地进餐？如何矫正挑食、偏食行为？怎样让幼儿理解喝水的重要性并按需饮水？怎样让幼儿做到少喝饮料？良好的生活卫生习惯的养成，将使幼儿终身受益。

2.游戏活动的问题

游戏是幼儿园的基本活动。自主游戏是如何产生的？自主游戏中蕴含着怎样的学习行为？区域游戏中幼儿是如何与材料交互的？角色游戏中怎样创造性地诠释对角色的理解？游戏中同伴间的合作是怎样的？幼儿在游戏中逐步形成的自主行为、领导行为等，是良好的社会性发展的外显标志。幼儿园主题教研应强化对游戏活动材料的研究，注重对游戏活动中幼儿的观察与分析。

3.集体教学活动的问题

集体教学活动中形成的认真倾听、专注思考、积极应答等习惯，是幼儿后续学习重要的基础。主题教研对集体教学活动的重视，体现在活动过程对幼儿学习与发展的促进上。怎样让设定的活动目标可被检测，不至于大而空？活动准备是否考虑到了幼儿已有的知识经验与能力？活动安排是否与目标相匹配？问题的设计是否利于内容的有序推进？环节之间是否有严密的逻辑关系？幼儿在活动中的有意注意如何保持？积极性、主动性等如何激发？幼儿园主题教研应从研究教师的教走向研究幼儿的学。

（三）以问题具体内容区分

这里所说的问题具体内容，是基于教师的教和幼儿的学的过程而言的。教什么、如何教、怎样教得好，学什么、如何学、怎样学得好等既是理念问题也是实践问题，是通过具体的师幼互动内容呈现出来的。

1. 不同领域的问题

《指南》中的五大领域相对独立，教师在实施不同领域内容的过程中，遇到的问题也不尽相同。从分科教学的角度来说，每个领域都有自己的本质属性。如果对此没有一定的理论支持，那么在教学行为上，教师难免会以综合学习的外显，掩盖了不同领域之间边界不清不楚的真相。比如，社会领域学习与语言领域学习在内容、方式、评价方面怎样区分？对不同领域内容的深刻理解与把握，是教师将学习化难为易、化繁为简的重要基础，是幼儿养成良好思维习惯的基本前提。

2. 不同材料的问题

材料作为幼儿学习的重要工具，是非常值得关注的话题。不同的领域、不同的游戏、不同年龄的幼儿，对材料有着不同的需求。小、中、大班的阅读区材料、建构区材料、种植区材料等在难易程度上如何形成螺旋上升的梯度？不同区域中材料的种类、数量确定的依据是什么？如何对幼儿在与材料交互的过程中的言行及相关表现进行捕捉与评析？幼儿最喜欢的材料有哪些及原因是什么？关注材料的安全、结构、价值等，是落实玩中学、做中学、操作中学等理念的具体表现。

第二节　教研主题的确定

一、教研主题确定的一般流程

主题教研开展的基础是有确定的研究问题。幼儿园在确定教研主题时，一般都要经过提出、筛选、分析、公布这几个环节。从问题的提出到问题的分析，再到主题的确立，这是一个对研究对象的认识不断澄清的过程，也是研究者的思维逐步深化与发展的过程。只有经过科学、规范的操作，才能保证教研的实效。（图 2-4）

图 2-4　教研主题确定流程

(一)研究问题的提出

1. 个人提出

教职员工先对自身工作实践进行总结性反思，找到其中存在的不足或值得改进的地方，提出 1～2 个急需解决的问题。可以是教育教学方面的问题，可以是幼儿学习与发展方面的问题，也可以是与家长联系方面的问题。

2. 班级提出

班级主班教师组织本班教师、保育员梳理班级日常管理中存在的困惑，提出 1～2 个急需解决的问题。比如，为了缓解小班家长的入园焦虑，提出怎样引导家长参与班级管理的问题；为了帮助中班幼儿学会自主管理，提出能否通过家园共育，提高中班幼儿自主管理水平的问题；针对大班家长对幼儿前书写的合理期望，提出如何对大班幼儿前书写的方式方法进行研究的问题。

3. 教研组提出

由教研组长带领组员总结反思已有的研究工作后，提出急需解决的相关问题。比如，针对新入职教师集体教学活动设计中重形式、轻内容的现象，提出设计集体教学活动时应注意哪些关键要素的问题；针对区域游戏活动中教师不知道何时介入、怎样介入的困惑，提出如何把握介入时机的问题。

(二)研究问题的筛选

教研组织机构将教职员工、班级、教研组提出的问题进行集中，由幼儿园管理部门组织相关人员进行筛选。

1. 归类处理

将问题进行归类处理，是教研主题确定过程中必不可少的环节。通过问题归类，我们可以看出幼儿园或教师在哪些方面存在问题。一是可以按照相近相似的原则对问题进行分类，如集体教学活动类、区域游戏活动类、教育教学方法类等。二是可以按照年龄班对问题进行分类，小班的问题归结在一起，中班的问题归结在一起，大班的问题归结在一起。这种分类法适合以年级组为教研管理单位的幼儿园。三是可以按照教师职称结构对问题进行分类，新入职教师的问题集中在一起，高级别职称教师的问题集中在一起。

2. 甄别确认

幼儿园主题教研要解决的问题是幼儿园、教职员工存在的真实问题。这里所说的真实一方面指真的存在，另一方面指真的需要通过研究的力量加以解决。所以，问题甄别的过程，是对新的学期展开哪些研究做出判断的过程。教职员工个人提出的问题可能是实际存在的真问题，但如果类似问题教研组之前已经做了相关的研究，就不必再次投入精力对此类问题进行研究，将原先研究的相关资料提供给问题提出者学习、理解、借鉴即可。通过甄别这一环节，找出需要汇集教研力量才可得以解决的研究问题。

(三)教研主题的分析

为确保主题教研有效实施，园方或教研组可以对甄别出来的研究问题进行可行性分析。

1. 对同类问题的差异化进行分析

依据主题教研的目标，对类别相近的主题进行分析。比如，同样是关于集体教学活动的主题，有的可能是侧重活动设计的，要解决的问题是对教学方案各环节内部逻辑关联的把握，一般是令青年教师感到困惑的问题；有的可能是侧重活动效果的，要解决的问题是追求每一个环节对幼儿学习的最大化支持，一般是有一定资历的教师需要的。对同类问题的差异化进行分析，有利于研究实际展开时有的放矢，是非常有价值的一个步骤。

2. 对解决途径的合理性进行分析

主题教研是直接奔着问题的解决而进行的。如果某问题被确定为研究主题，那么接下来，一般要提出初步的解决方案。通过怎样的方式来进行，可以依据问题涉及的内容来选择。比如，关于集体教学活动的问题，就可以通过同题异构、课例研究的方式展开；区域活动、游戏活动中的问题，就可以通过现场诊断、微格视频来解决。对问题解决途径进行构想，是保证主题教研落到实处、取得实效的必要措施。

3. 对活动安排的有效性进行探讨

主题教研的问题解决不是一蹴而就的，需要一定的时间。活动安排的有效性体现为活动安排合理、有序，这是主题教研进行过程中的重要保证。如前所述，集体活动中存在的相关问题的解决，有时是需要在一定的周期内，通过多次的研究探讨才可以实现的。

4. 对研究需要的专业支持进行安排

主题教研是以园为本的教研，研究的主力军是幼儿园的园长和全体教职员工。为提高研究的水平，开阔研究的视野，过程中的专业支持是必不可少的。这里所说的专业支持，可以是纯粹的专业理论支持，这种支持教研组或教师通过阅读、讨论、分享即可获得，是最直接、最简便的专业支持；还可以是本园内的教师提供的同伴式专业支持，安排有经验、有水平的教师对年轻教师进行随时随地的指导，也是一种较为常用的支持方式；当然，也可以邀请专家入园指导，专家的价值体现在其对专业理论的掌握程度上，同样的现场观察，专家发现问题的角度更加多样，对问题实质性的挖掘更加精准，主题教研中专家的把脉问诊是非常有价值的。几种专业支持各有千秋，安排何种专业支持主要看幼儿园对研究主题难易程度的认识、对研究结果的预设与期待。

（四）教研主题的公布

主题教研的问题经过提出、筛选、分析等环节，最终将被确定下来。幼儿园或教研组可以通过会议或其他渠道对确定的教研主题进行公布。教研主题的公布体现了幼儿园教研工作的规范性和学术严肃性。教研主题的公布既是对参与研究人员劳动成果的尊重，也是对下一步研究工作进展的督促。教研主题的公布意味着幼儿园在同行之间对相同问题的研究中，既拥有独立的话语体系，也能够对相同、相近问题的研究给予合理补充。

二、教研主题确定的申报制度

教研主题除了可以按照以上方式和流程来确定，还可以通过申报制度来确定。教研主题的申报制度有利于激发教职员工参与研究的主动性，一般可以分为以下几个环节。

(一)申报教研主题

1. 明确申报时间

教研主题可个人申报，也可多人共同申报。管理者应提前告知申报截止时间，一般为学期结束前后。教职员工在规定的时间范围内，个体或团队就自身存在的需要集中研究才能解决的问题进行梳理、分析、研判，慎重确定教研主题。

2. 提交申报表格

教职员工要准确表述教研主题的名称，对产生背景、解决意义及解决途径提出初步的想法。如果是合作研究，那么要对团队人员的研究优势进行表述，以获得加分。申报者还可以就研究需要的专业支持、物质支持等提出合理的需求。(表2-1)

表 2-1　教研主题申报表

姓名：　　　　　　　　　　　　　　　　　　　班级(部门)：

项目	内容
教研主题名称	
问题产生背景	
问题解决意义	
问题解决途径	
合作者优势	
需要的支持	

(二)审议教研主题

幼儿园主题教研是一个民主的过程，是一个研究的过程，是一个学习的过程，更是一个开放和创新的过程。它不是布置和落实行政命令的过程，而是专业协商和沟通的过程，是凝聚集体智慧的过程，是解决问题的过程。加强对教研工作集体审议的实践和研究，是提高教研工作成效的现实需要，也是教研工作创新的具体举措。① 主题教研管理者应结合幼儿园整体工作部署，邀请专家及教职员工代表组织专场审议会，集中对申报的主题进行甄别、筛选。

1. 自主陈述

申报者向审议会汇报主题选定的过程，重点阐述本教研主题涉及的问题的解决对个人或团队的意义，讲述拟定问题解决途径的依据是什么，讲述问题解决过程中幼儿或教职员工会有怎样的收获，等等。

2. 分类审议

审议者就现场陈述、申报表格进行综合审议，对申报的教研主题进行分类处理，就问题提出的理论依据是否充分、问题解决途径是否合理、合作者参与研究是否有明显优势等进行比较、评判后，决定是否通过，并于审议后给予申报者答复。无论是否通过，审议者都要对申报者提出建设性的修改意见或建议。（表 2-2）

表 2-2　教研主题审议表

姓名：　　　　　　　　　　　　　　　　　　　　　　班级（部门）：

审议项目	审议记录	审议意见或建议
教研主题名称		
问题提出的理论依据		
问题解决的一般意义		
问题解决途径的合理性		
合作者参与研究的优势		

---

① 虞永平：《幼儿园教研需要革命性转身》，载《中国教育报》，2017-11-05。

审议项目	审议记录	审议意见或建议
总体印象(是否通过)		

3. 交流结果

审议结束后,教研管理者与申报者交流最后的结果。

(1)未通过审议的问题

在审议的过程中,一些问题可能因各种各样的原因而没有通过审议。比如,有的可能是因为已经有相应的研究结果可以借鉴,不需要再花大力气重复研究;有的可能是因为在日常工作中稍加指导即可解决,不需要作为长时间研究的话题;也有的可能是因为过于笼统、指向不明、价值不高等。对于没有通过审议的问题,教研管理者要耐心、细致地将专家的意见进行转述,同时给出解决途径方面的意见或建议,以保护申报者的研究积极性。

(2)通过审议的问题

对于通过审议的问题,由教研人员与申报者共同对专家的审议意见或建议进行探讨,并对问题的解决方案做出进一步优化。经过修改后的问题设计方案,转入如前所述的教研主题的分析、教研主题的公布环节即可。

由于教研主题申报制度程序较为严谨、规范,也有着一定的时间制约,因此适合管理水平较高、师资队伍专业水平较高的幼儿园选择使用。

虽然教研主题的确定有一定的流程,但对于幼儿园来说,在具体工作中,那些偶发的、生成的、即时的但又非常具有研究价值的主要或重要问题,是可以不拘泥于以上所述的主题确定环节而直接进入研究阶段的。

第三节 教研计划的制订

凡事预则立,不预则废。教研主题确定后,需要就怎样通过研究来解决问题制订计划。一份完整的主题教研计划应该包括以下几个方面的内容。

一、分析存在问题的现状

立足问题现状,是主题教研的起点。在一份可行的教研计划中,我们有必要对需要研究的问题进行全面分析。

(一)对存在问题进行准确描述

主题教研的问题林林总总,在教研计划中,我们需要对所列问题进行具体、准确的表达。例如，对"大班幼儿前书写途径有哪些"的研究，我们从对问题的描述中，可以清楚知道问题所在的班级是大班，问题的主要载体是幼儿的前书写，需要重点解决与探讨的是途径问题。

在主题教研计划中，我们可以列出一个问题，也可以列出多个问题，但每一个问题都需要用精准的词语表达出来。

（二）对已有研究进行检索

在主题教研正式实施前，有必要通过文献检索进行综述，了解该问题他人有无进行过研究、研究到了何种程度等。一是避免不必要的重复研究，二是已有的研究成果对本园研究有着借鉴意义，三是有利于本园研究在同类问题的解决上找到新的突破。

同样以"大班幼儿前书写途径有哪些"为例。通过文献检索发现，关于大班幼儿前书写的研究颇多，关注点多在书写习惯、能力、活动、问题等层面，关于前书写途径的研究很少。这样的结果说明，本研究与他人的研究是不重复的，主题是有新意的。前书写其他方面的研究对本研究也会有一定的启发意义。

（三）为问题解决拟定设想

主题教研的目的是实现对问题的解决。在教研计划中，我们需要对所列问题如何解决提出相对具体的思路，以避免研究的盲目性，提高研究的针对性。仍然以"大班幼儿前书写途径有哪些"为例。要破解前书写途径单一的瓶颈限制，我们可以从幼儿学习的立场出发，从哪些活动中潜藏着前书写的可能性进行思考。语言领域中的哪些活动可以实现前书写？其他领域中的哪些活动可能实现前书写？游戏活动中能否实现前书写？生活活动中是否有前书写？突破固有的思维模式后，我们发现幼儿前书写的途径其实是多样的。在计划中列出可以实现的几条，研究时可以遵循这样的思路。

二、明确研究活动的内容

丰富的研究内容是主题教研的中心。在主题教研计划中，我们要将研究的主要问题分解成可以操作的具体内容，以推动研究进入实质性状态。

（一）学习与研究主题有关的理论

主题教研更加强调专业的支持。每一个层面的问题或者说每一个问题的背后，都可以找到理论的支撑。主题教研不仅要研究问题本身，而且还要研究问题产生的原因，追根求源直至解决。因此，主题教研的内容必然包含相应的理论学习与研究。

以"提高大班幼儿续编故事的水平"的研究为例。我们要研究的显性问题是续编故事的水平，但是为了解决这个问题，就必须对影响幼儿续编故事水平的因素进行探索。因此，我们要去学习幼儿语言发展的理论，要去学习文学概论中故事的相关概念界定等。通过学习，我们可以比较准确地找到解决问题的切入点与相应途径，如选择适宜的续编内容、提供支架式的指导等。①

(二)设计与研究主题有关的实践活动

主题教研的重要阵地是教育教学的现场，是教师个性化的教学实践，是幼儿自主探究、合作学习的真实过程，是丰富而又充分的师幼互动，是幼儿富有活力的生动发展。

继续以"提高大班幼儿续编故事的水平"的研究为例。教师对故事的理解与把握、对故事构成要素深入浅出的传递、对故事本身悬念的设置等，是影响幼儿续编故事水平的重要外在因素；幼儿与故事场景产生共鸣的生活经验、对故事中不同角色的关注兴趣、对故事脉络的重新建构、对故事编写要素的掌握、幼儿自身的语言能力等，是影响幼儿续编故事水平的重要内在因素。此外，教学活动中的师幼互动氛围、同伴之间交流的状态等因素，都可能影响幼儿续编故事的水平。主题教研要根据可能的影响设计相应的实践活动。

(三)安排与研究主题有关的研讨活动

主题教研是有一定周期的研究活动，是采用多次活动螺旋上升地发展的研究样式，以及理论学习、优化实践、反思总结等多种途径的研究活动。研讨环节既是对实践活动进行总结、反思的环节，也是对问题研究后续进行任务部署的环节，有着承前启后的价值。

再次以"提高大班幼儿续编故事的水平"的研究为例。在续编故事实践活动中，从哪些方面为教师指导幼儿续编故事提供了支持与帮助？幼儿对续编故事有了怎样的改进？通过集中研讨的方式，活动执行者陈述师幼互动及收获，反思存在的不足；活动参与者提出活动可取之处及需要改进的部分等，为后续活动提供支撑、辨明方向。

三、确定研究人员的分工

主题教研的研究过程特别强调研究的目的性，强调参与人员工作的有效性，注重对问题本质的追溯，关注师幼互动现场，追求活动蕴藏的多维价值。

(一)负责学习活动的人员的工作

1. 收集资料

对与教研主题有关的理论与实践经验材料的占有，是实现问题突破的关

---

① 张肇丰、徐士强：《教改试验的 30 个样本》，120 页，上海，华东师范大学出版社，2016。

键环节。可以通过文本查阅、知网搜索等方式，获取有针对性、可利用的资源。

2. 领学理论

领学的意思是由一个或几个人带领大家对学习资料进行讲解式的学习。领学者根据主题教研的需要，结合问题的现有情况，对收集到的与本主题教研有关的理论进行比较、连接，通过通俗易懂的讲解，让理论看得见。

3. 综述观点

综述的价值在于将多样的理论聚焦到本主题教研上，将长篇的理论浓缩为本主题教研需要的一段话或者几个关键词。这样的抽象概括有利于参与教研的人员统一观点。

(二)负责实践活动的人员的工作

主题教研实践活动现场主要有两类人员，即执教者与观察者。

1. 执教者主要负责活动的设计与执行

设计活动时，应根据学习研讨时提供的解决问题思路，将有关方式方法体现在活动方案之中，呈现问题解决的真实过程。活动后，进行反思与小结，形成文稿，在研讨会上交流。

2. 观察者主要负责对主题教研活动现场进行观察、记录

观察者可以是一人，也可以是多人。多人观察时可对记录教师的言行、记录幼儿的言行、记录师幼互动的情况等任务进行合理分工，全面、真实地将活动过程记录下来，形成观察分析文稿，在研讨会上交流。

(三)负责研讨活动的人员的工作

1. 主持讨论

研讨活动的重要内容之一就是交流、讨论。研讨活动主持者要根据对教研主题的理论综述、对现场活动的观察分析，预设讨论话题，激发参与者交流讨论的动机，对发言者的观点进行点评。

2. 总结部署

研讨活动主持者要对研讨活动进行分析、归纳，重点评述主题教研的问题得到了怎样的解决，还有哪些值得关注的要素，并对下一个环节的研究任务进行讨论、部署。

案例点击

幼儿园"户外自主性游戏质量提升"主题教研的计划在教研背景中对上学期

教研情况进行了分析，提出将教师在自主游戏观察和指导方面存在的不足作为研究问题，确定了教研目标，即深入了解对幼儿户外自主性游戏进行观察与指导的方式，通过实景教研形式，组织教师进行现场观摩，共同学习如何观察、记录，提供平台，让教师交流游戏中的观察案例，学习撰写游戏故事等，以提高教师科学观察幼儿、有效回应幼儿和推进游戏方面的能力。为达成教研目标，主题教研的计划中明确了教研内容以及教研活动安排，包括教研时间、教研主题、具体计划、教研形式、主持人等。

以上的主题教研计划案例比较完整地呈现了主题教研计划的相关要素，有对主题教研产生的背景的分析，有能够实现的教研目标，有具体的、系统的教研内容，有支持目标达成的相关活动。该计划聚焦教师对幼儿游戏的观察、记录、表达，有理论学习，有具体实践，计划的完整性、可行性、可操作性都是值得借鉴的。

案例 2-1

幼儿园"户外自主性游戏质量提升"主题教研的计划

可扫描二维码，阅读案例 2-1"幼儿园'户外自主性游戏质量提升'主题教研的计划"。

四、确定主题教研计划的类型

主题教研计划因研究问题的范围、类型等不同，可以做不同的划分。无论怎样类别的教研计划，都要立足于幼儿园的实际工作，立足于教师的日常教育教学，挖掘一次活动的多重价值，追求教研活动的最大效益。

(一)全园性主题教研计划

幼儿园可根据在环境、课程、教学、后勤等层面存在的问题，设计全园性的主题教研计划，可以是学期的，也可以是学年的。全园性主题教研计划能够为学期或学年的教学研究走向提供一个清晰的规划，为各个部门、年级、班级提供教研主题。

(二)同年龄组主题教研计划

同年龄组主题教研计划更多地聚焦在本年龄段幼儿学习与发展中需要解决的问题上。这一类型的计划可依据时间线索做成学期计划或学年计划，也可根据问题本身做成一个或多个具体的问题解决计划。可根据研究要开展的工作，尽可能进行详细的表述，让参与研究的人员能明确研究的内容、时间、频次、任务，以便适时投入研究工作中去。

案例点击

表 2-3 "提高大班幼儿续编故事的水平"主题教研活动安排表

时间	地点	内容	形式	负责人	参与人
第一周	会议室	掌握故事构成要素、幼儿语言发展等理论	交流、研讨、综述，提出提高续编故事水平的途径与方法	教研组长	本主题教研相关人员
第二周	班级活动室	续编故事活动	集体教学活动观摩	执教教师（多人同题异构）	本主题教研相关人员（观察、记录、摄像等分工明确）
第三周	会议室	理论与实践对照	研讨，布置下阶段任务	教研组长	执教者、观察记录者等
第四周	班级语言区	续编故事活动	梳理、小结幼儿续编故事水平提高的表现	班级教师	—
第五周	多功能厅	续编故事能力展示	续编故事比赛（师幼同台）	教研组长	参与教研活动的人员
第六周	会议室	本主题教研活动总结	小论文或案例分析与交流	教研组长	参与教研活动的人员

表 2-3 是以同年龄组为单位设计的，它将大班组的教师集中起来，围绕幼儿续编故事水平的提高展开学习、实践、研讨、反思、展示、总结等系列研究。

（三）跨界主题教研计划

这里所说的跨界，主要考虑的是人员组合的因素，即非同年级组或非同班的人员，因自身的研究志趣相同或因幼儿园某一项研究的需要而展开主题教研。跨界主题教研计划直指问题研究本身，研究方向、目标明确，跨界人员可根据自身研究特长、已有理论水平、实践经验等主动承接相关任务。

主题教研按照怎样的类型进行计划，取决于幼儿园已有的日常教研经验或习惯，也取决于幼儿园办园规模与人员构成。无论哪一种计划类型，都要明确提出研究的时间、内容及人员任务等。教研计划的制订与执行要以教职员工现有的教育教学水平为基础，在时间允许的范围内进行，避免无意义的工作重复、叠加、交叉，避免给参与研究的人员带来额外的劳动负担。

第四节　教研形式的选定

主题教研因内容与任务的不同，研究形式也有一定的差异。

一、微型讲座

微型讲座，顾名思义就是在较短的时间内，完整地讲清楚一个有学术价值的问题。幼儿园主题教研中的微型讲座属于学术类讲座的一种，一般由幼儿园或教研组织邀请专家或本园骨干教师，围绕教研主题的概念、要素或需要注意的事项等，展开有一定学术意味的简短的论述或讲解。

(一)微型讲座的时机

微型讲座可在主题教研前的理论学习中开展，可在主题教研过程中遇到困惑时开展，也可在主题教研结束后总结提炼时开展。微型讲座的价值在于让主题教研自始至终充满理论与实践融合的氛围。比如，关于"幼儿园班级环境对幼儿审美的影响"的主题教研，就可以邀请专家就环境中的哪些因素会对幼儿审美产生影响进行讲解分析，让参与教研的教师自研究起始阶段就能够比较清楚地进入实践。

(二)微型讲座的特征

1. 时间较短

主题教研中的微型讲座开展的时间一般为 15～20 分钟，最多不超过半小时，讲述者需要在较短的时间内完成对相应问题的讲解。

2. 选题聚焦

摄影中有个词叫"微距"，微距摄影可以实现对细节的充分展示。微型讲座选择讲述的切入点时，也要捕捉问题的细微之处，在短时间内用言简意赅的语言阐明观点。

3. 内容实在

微型讲座一定是围绕主题教研中真实、具体的实践展开的，通过讲解给受众在方法方面或思路方面的启迪。

4. 表达有趣

因为时间有限，讲述者必须以趣导入，吸引听者，用有趣的手法对问题抽丝剥茧，让听者看到问题的真相，用风趣的语言将晦涩的理论深入浅出地讲解出来。

案例点击

某幼儿园就教师对幼儿户外游戏的评价问题开展了主题教研。研究过程中，到园专家与教师共同观摩了幼儿的户外游戏后，在研讨环节开展了题为"基于儿童本位的幼儿园户外游戏——发现自我生长的儿童"的微型讲座。专家以一个小班女孩玩滑索的真实场景为切入点，利用微格技术带领全体教师还原了小女孩玩滑索的过程，借用学习故事的评价理论，对该幼儿游戏中的自主性进行了较为详尽的分析。

案例中的讲座约 30 分钟，聚焦主题。针对幼儿户外自主游戏中教师的困惑，如"教师为幼儿准备材料、布置场地，提供的材料幼儿为什么不喜欢？""教师积极地指导幼儿游戏，为什么幼儿不按照设计的玩法玩？""既然是自主游戏，那么幼儿就可以随便玩，教师该做什么？""幼儿自主了，运动中的安全如何保证？"等，专家以典型案例为抓手，用学习故事的方式记录了幼儿在游戏中的探索，也传递了教师在幼儿游戏时的角色定位。

可扫描二维码，阅读案例 2-2"基于儿童本位的幼儿园户外游戏——发现自我生长的儿童"。

案例 2-2

基于儿童本位的幼儿园户外游戏——发现自我生长的儿童

二、学术沙龙

学术沙龙，因为无参与者的身份和研究背景的限制，思想和言论自由，具有较强的学术性和思想性[①]，非常适合在幼儿园主题教研中举办。

（一）学术沙龙的价值

学术沙龙可以营造支持自由探究、鼓励学术争鸣、活跃学术思想、促进原始创新的氛围，弘扬敢于质疑、勇于创新、大胆探索的精神，为培育个人学术思想、阐述个人理论观点以及激发个人学术灵感提供宽松、自由、平等的交流平台。主题教研中，学术沙龙的价值在于展示研究问题的解决过程、方法，参与人员的感受以及取得的阶段成果等。

（二）主题教研中学术沙龙的形式

1. 一般性教研沙龙

由幼儿园或教研组织确定参与人员及研究主题。参与人员需要提前对讨论主题做充分的准备，采取合适的形式直接进行发言和讨论。这是幼儿园主题教研中学术沙龙的常见形式。看上去随意自由，实际上大家在一起会就某一个或某几个话题产生思维的碰撞，获得解决问题的灵感。

---

① 罗尧成、朱永东：《学术沙龙：一种研究生教育课程实施形式》，载《学位与研究生教育》，2006(4)。

2. 工作室教研沙龙

这里主要介绍名师工作室沙龙和名园长工作室沙龙。名师工作室沙龙是名师工作室负责人发起的对主题教研过程进行的学术交流。一般为工作室内部成员参加，也可邀请其他成员参加；可以是内部探讨式交流，也可以是对外展示性交流。名园长工作室沙龙是工作室负责人发起的对主题教研过程进行的学术交流。一般是名园长所在幼儿园的教师一起交流，也可以是工作室联合多所幼儿园共同交流。名园长工作室将城乡幼儿园联结在一起，对同一个问题进行探讨，对成员单位发挥学术辐射价值。笔者曾参与过一次类似活动，城区省级一类幼儿园教师与乡村普通幼儿园教师同台探讨"中班幼儿图形经验"，将一段时间内各自对此问题的认识、困惑等呈现给与会的同行，通过交流、研讨达成共识。

三、跟踪指导

跟踪指导指的是有一定经验的教师对青年教师的教育教学行为进行跟进式的专门指导，青年教师也可以去观摩有经验的教师如何组织教育教学活动。这里介绍两种跟踪指导的模式。

（一）外请专家的跟踪指导

外请专家的跟踪指导的主要模式是，专家了解了幼儿园的整体情况后，结合幼儿园对教师培养的目标需求，提出跟踪指导方案，通过布置任务、执行任务、检查任务、改进优化、完成任务的循环，以任务驱动的方式进行跟踪指导。专家的指导可以是现场的，如进班级看活动组织、看师幼互动；也可以是线上的，如反思、总结已有工作，布置下一阶段的工作。幼儿园、教师通过专家的跟踪指导，可以实现对某一个问题或某几个问题的解决。例如，某幼儿园提出了"课程园本化架构如何做得更加有效"的问题。无论是课程架构还是课程的园本化，都是一般幼儿园自身难以驾驭的，但这的确是幼儿园课程改革进入深水区必然会遇到的真实问题。这个时候就有必要与专家联手，通过跟踪指导来实现对问题的解决。专家入园后，会对幼儿园现有的课程资源进行一揽子分析，对幼儿园的课程哲学、课程理念、课程框架、课程内容、课程实施、课程评价等予以梳理分析，并对幼儿园进行相关理论的培训；接下来，会以时间为序，布置阶段任务，并在每一个阶段进行入园或在线指导。通过一个学期的跟踪指导，该园的总体课程方案架构基本完成。

（二）青蓝结对式的跟踪指导

这种跟踪指导主要依靠的力量是幼儿园的本土专家，也就是专业程度较高的老教师。这些老教师与青年教师通过一对一结对子的模式，让青年教师拜师学习、少走弯路，可以实现青年教师专业成长过程中的弯道超越。

1. 老教师跟踪指导

结对后，经验丰富的老教师深入青年教师的教育教学实际进行直接指导，通过听、看、记、谈，掌握青年教师教育教学中存在问题的第一手资料，再通过交流、切磋、打磨、实践，帮助青年教师了解自己的问题所在，进而掌握改进工作的方法。

2. 青年教师跟着学习

结对后，青年教师到老教师的教育教学现场直接观摩，通过听、看、记、想、谋、说、写等形式进行学习。听老教师教学语言的精准设计与表达表现，看老教师与幼儿互动的内容与形式，记活动的真实过程，想同样的活动组织自己与老教师之间的差异，谋下一次相关活动的设计与优化，说观摩的感受与体会，写学习的收获与心得。

通过一定周期的双向互动，青蓝结对式的跟踪指导的效果就会显现。幼儿园可以通过搭建平台，展示师徒结对工作取得的成绩。

四、现场诊断

诊断，指的是从医学角度对人们的精神和体质状态做出判断。主题教研中的现场诊断，指的是基于幼儿的学习现场，对教师、幼儿在其中的活动及互动状态进行分析、研判后，针对存在的问题提出解决策略。现场诊断尤以幼儿园区域活动、游戏活动现场为主要研究阵地。

(一)个人自诊

教师可根据自身承担的研究任务，对实施情况进行反思，通过问一问、找一找、想一想、做一做的路径，查看现状，找到对策。比如，在"如何使中班角色游戏更加适切"的主题教研中，教师发现中班角色游戏区"便利店"的"顾客"对购物环境不甚满意。这时，教师可以在游戏区现场进行观察，引导"便利店管理人员"从货物摆放、服务态度、结算方式等角度发现问题，并通过增加购物车、将货物分类摆放、使用二维码结算等方式进行改进。

(二)同行互诊

教师在主题教研的过程中可能会遇到需要同伴互助的问题。这时，大家可以在区域活动的现场，通过说一说、议一议、争一争、做一做的路径，查看现状，找到对策。比如，在"大班数学区材料对幼儿高阶思维形成的支持作用"的主题教研中，教师会对还有哪些材料、材料的哪些因素可能会对幼儿高阶思维的形成产生影响存在困惑。同伴们可以通过观察现场、尝试操作、共同讨论，产生新的思维碰撞，或从材料结构是否具备联通性、不同材料之间是否存在连接点、相同材料是否有潜在的可变性等角度找到问题的答案。

(三)专家会诊

作为促进幼儿学习与发展的方式之一,区域活动中的奥妙无穷。有些主题教研是需要专家进行指导才能达到预想效果的。比如,在"大班角色游戏的确定与幼儿自主能力的培养"的主题教研中,教师对角色游戏的项目、内容、流程、形式等与幼儿自主能力之间的相关分析,需要依赖更加专业的专家给予指导。从对幼儿角色游戏如何开展的讨论中,教师与专家发现的信息是不同的。专家会诊使得研究方向更加明确,研究手段更加有效,研究时间相对缩短。

📚 **案例点击**

自主性游戏中的总结评价环节体现了教师对游戏过程中幼儿表现的判断,直接影响到幼儿游戏的水平与质量。在"自主性游戏中的总结评价环节"现场诊断式主题教研中,教师提出问题、教研组分组讨论后,专家对教师在自主游戏中存在的问题进行了把脉问诊,对教师提出的三个问题逐一给出了意见和建议。一是关于总结评价时间短,幼儿人人都想发言,但教师不能全部满足的问题,建议在每个区域投放纸笔材料,让幼儿通过图画表征的方式将自己在游戏中的体验、感受表达出来,各班设置游戏主题墙,让幼儿可以随时交流。二是关于总结评价方式单一的问题,建议教师提供游戏中的视频、图片,让幼儿参与其中,对自己在游戏中的表现进行客观评价。三是针对部分教师提出的不知道怎样去总结评价的问题,建议教师将幼儿的言行与《指南》中幼儿的核心素养表现相对应,发现幼儿在游戏过程中获得的学习与成长。

该案例紧紧围绕"自主性游戏中的总结评价环节"这一研究主题,分别就小、中、大班游戏评价中总结评价时间短、总结评价方式单一、总结评价方法未掌握等问题,进行了深入的探讨。参与研究的教师积极表达了自己的观点,与会的园长、专家给予了专业支持,最后形成了一定的解决方案。问题明确,开出的处方针对性强,有效化解了自主性游戏中教师对总结评价的疑虑和困惑。

可扫描二维码,阅读案例 2-3""自主性游戏中的总结评价环节'现场诊断式主题教研"。

案例 2-3

"自主性游戏中的总结评价环节"现场诊断式主题教研

📚 **案例点击**

幼儿园园长教学领导力现场诊断,是合肥市某县教师继续教育中心"'国培

计划（2017）——中西部项目和幼师国培项目''送培进校'诊断式培训"中的一个环节。送培专家团队负责完成对项目幼儿园的诊断培训任务。专家组进入幼儿园后，通过听取园长教学领导力自我诊断报告、翻阅幼儿园日常管理中形成的基础资料、开展推门听课活动、查看室内外环境、开展交流讨论活动等环节，发现园长在教学领导力方面存在的问题，并提出相应的诊断意见和建议。一是注重教师的分层培养，拓宽幼儿学习渠道；二是挖掘环境资源，促进特色经验向纵深发展；三是针对园所实际问题，推进园本教研的真实发生。

该案例中的现场诊断是在对幼儿园整体了解的基础上进行的，重点指向幼儿园园长在注重教师的专业发展以及拓宽幼儿的学习渠道两个维度的领导力。一些幼儿园在《指南》精神的指导下，教育理念与行为发生了很多变化，但因为教研力量不足，还存在很多操作层面的困惑。该案例中的现场诊断属于专家会诊，指明了幼儿园教师发展、幼儿发展、园本教研等方面存在的问题，提出了切实可行的具体指导方法，对幼儿园园长教学领导力的提升有着较强的针对性、操作性。

案例 2-4
幼儿园园长教学领导力现场诊断环节情况反馈

可扫描二维码，阅读案例 2-4"幼儿园园长教学领导力现场诊断环节情况反馈"。

五、同题异构

同题异构，就是指针对同一活动内容，教师根据幼儿已有经验、现有的教学环境等条件，按照自身个性化的理解，设计不同的活动方案。主题教研中同题异构的目的是提出幼儿园集体活动中，同一个问题上的横向解决策略。通过同题异构，教师可以发现对相同内容的不同处理方式，以及产生的不同教学效果。

（一）同题异构的一般形式

同题异构的一般形式指的是同一活动在相同年龄段的不同班级内开展，相同的内容由不同的教师执教。教师共同讨论教学内容，共同制定教学目标，教学过程可以根据各自的教育理念与教学思路进行设计，体现个性化与差异化，丰富同一教学内容的教学形式，为同伴提供借鉴。比如，在"大班故事教学设计的有效性"研究过程中，可以就大班语言故事《小马过河》进行同题异构的教学设计。我们会发现有的教师按照故事情节顺序进行设计，有的教师则将小马不敢过河调整到第一环节进行设计，还有的教师则将过河与幼儿的生活经验关联起来进行设计等。

(二)同题异构的特殊形式

同题异构的特殊形式指的是针对同一内容，在不同年龄段的不同班级内开展活动。关注点是教学内容对不同年龄幼儿产生的影响。比如，在"相同绘本对不同年龄班幼儿的影响"的比较研究中，我们就可以就中班、大班幼儿都喜欢阅读的绘本故事《100层的巴士》开展跨越年龄班的同题异构教学活动。（表 2-4）

表 2-4　同题异构比较表

课题名称		班级		时间	
观察点	教师 1		教师 2		教研组分析
导入部分					
教师提问					
师幼互动					
重难点确立及解决					
……					
改进建议					

案例点击

某地针对幼儿园音乐游戏化存在的问题，展开了系列的主题教研。其中，以鄂伦春民歌《勇敢的鄂伦春》为内容，幼儿园进行了同题异构的教学活动。

这首歌曲为五声调式，篇幅短小，结构工整，旋律欢快，节奏刚健，歌曲从始至终伴有马蹄声，引子部分还伴随有节奏的呼喊声，具有鲜明的鄂伦春民歌特点。两位教师根据自己的理解，进行了教学活动设计。执教教师甲结合此歌曲设计了大班歌唱活动，幼儿在其中感受歌曲的民族特点，尝试富有感情地演唱和表达，初步了解鄂伦春族的生活习性和民族精神，产生对鄂伦春族的喜爱之情；执教教师乙结合此歌曲设计了大班奏乐活动，幼儿在游戏情境中感受音乐的段落和节奏，自行设计节奏图谱，创编不同的动作，利用生活中的乐器探索不同的演奏方法，充分利用图谱进行完整演奏，感受节奏活动的乐趣，体验自我挑战以及与同伴合作演奏带来的快乐。两个活动设计不同，但幼儿在游戏中对民歌的体验都是愉悦的。

该案例呈现的是同一课题的两种设计架构，通过歌唱与奏乐的方式，将《勇敢的鄂伦春》表现得非常充分。主题教研中，教师就两种形式的教学对导入部分、教师提问、师幼互动、重难点确立及解决等观察点进行了详细的解读与分析，对可取之处给予了充分肯定，对不足之处提出了具有操作性的改进建议，达到了良好的教研效果。

六、课例研究

课例是以学科教学的内容为载体，具有明确的研究主题的教学实例。其中，"主题"正是课例要表达的灵魂（研究的成分），"载体"正是课例表达观点和思想的媒介。课例研究是一种以教师为导向的教学循环，是提高教师教学专业水平的重要方式。[①] 课例研究本质上是一种课堂行动研究，有利于教师改进教学，促进其专业发展。幼儿园主题教研中的课例研究，是指围绕集体教学活动，在教学前、中、后进行的各种活动，包括参研者、执教者与同伴及幼儿之间的沟通、交流、对话、讨论等。主题教研中的课例研究探求的是幼儿园集体教学活动中，同一个问题在纵深层面的答案，可以是一次性的研究活动，也可以是多次性的研究活动。

（一）一次性的课例研究

这种形式的课例研究关注的是集体教学活动前研究团队的分析、讨论、设计，活动中的观察、记录、思考，活动后的反思、评价、总结。（图 2-5）

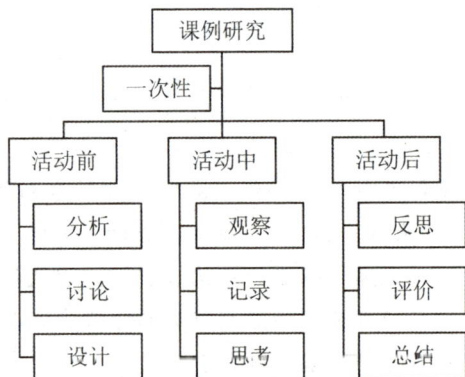

图 2-5　一次性的课例研究流程

一次性的课例研究解决的是教师对集体教学活动的整体把握的问题。比

---

① 谌启标：《基于教师专业成长的课例研究》，载《福建师范大学学报（哲学社会科学版）》，2006(1)。

如，关于"青年教师提高集体教学活动效率"的研究，就可以采取这样的形式进行。通过一次性的课例研究，大家可以获得对集体教学活动效果相关影响因素的认知，实现对诸如提问梯度、材料提供时机等多方面教学策略的把握。

案例点击

幼儿园大班生成性科学小实验活动"玩赛车"，源于幼儿在班级里经常进行的赛车游戏。于是，教师将幼儿热衷的游戏作为一次生成活动的教学内容，并试图通过这次小实验活动，引导幼儿开动脑筋去玩，同时获得有关汽车、惯性等方面的经验。教研组的教师们一起分析、研讨活动的目标及设计活动的过程，执教教师在活动前一天还组织幼儿讨论了"怎样才能使赛车跑得快、跑得远"这个既熟悉又有趣味性的话题，引发了幼儿争先恐后地讲述自己的经历或经验。活动中，执教教师准备了木板和积木供幼儿设计斜坡。过程中，教师为每个小朋友提供了记录表格，便于幼儿及时记下赛车跑的距离以及与斜坡之间的关系。幼儿玩赛车的整个过程大约持续了 20 分钟，每组幼儿忙得不亦乐乎。活动的分享环节，教师请幼儿交流了"你的最好成绩是在由几块积木搭成的斜坡上取得的？"，并对"是不是斜坡的坡度越小越好？"这个问题进行了探讨，得出了"斜坡太陡时，行车会很危险"的结论。大家一致认为当我们乘坐的汽车在很陡的路面上行驶时，必须提醒司机注意安全。教研组成员按照分工观察、记录了师幼互动的各种情况，并在活动结束后对整个活动进行了回顾式的研讨，通过反思、交流，提出了相应的意见和建议。

对一次性课例研究的记录与研讨，能比较真实地反映教师对集体教学活动主要影响因素的理解与探讨，有利于教师掌握大班科学实验类活动的基本流程。该课例把幼儿感兴趣的日常话题作为学习内容，对活动过程中突发情况的处理等体现了教师以儿童为本的课程观。活动中提供的材料低结构、易创造，活动采取猜想、验证、记录、比较等方法，体现了教师以儿童为本的教学观。活动中幼儿的猜想与实际时而一致、时而相悖，引发了幼儿的持续关注，教师的指导有一定的支架作用。当然，在这次活动中，教师对活动任务中认知冲突的设计、对活动过程的控制与评价、对记录表格利于幼儿操作等方面，还存在诸多值得再次研究的内容。在思考与讨论环节，诸位教师就活动主要内容进行了探讨，思路清晰、观点明确；对活动中幼儿具体表现的观察与分析，对活动中幼儿操作过程中的执着态度的发现，

案例 2-5

猜想与操作——让玩具赛车在斜坡上跑得更远

尤其值得肯定；讨论中，教师们对本次活动优点与不足的研判，正是课例研究的价值所在。

可扫描二维码，阅读案例 2-5"猜想与操作——让玩具赛车在斜坡上跑得更远"。

(二)多次性的课例研究

这种形式的课例研究指的是一位教师对同一内容进行两次以上的执教。(图 2-6)

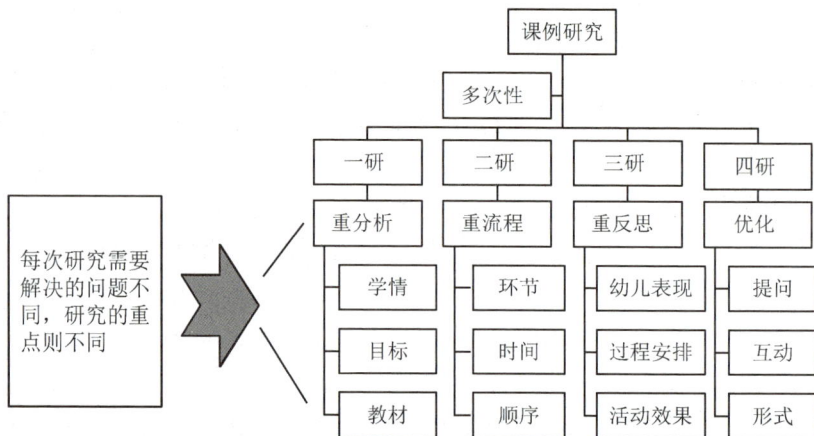

图 2-6　多次性的课例研究流程

多次性的课例研究可以帮助教师优化教学设计，挤干活动水分，提高集体活动执行能力。多次性的课例研究可由骨干教师执教完成，用于打磨精品课例，如竞赛活动前、录像活动前的多次研究；也可由新入职教师完成，用于提高集体活动执教水平，通过多次课例研究，优化集体活动流程安排，把握集体活动时间节奏，了解师幼互动价值，提升教师反思能力等。

案例点击

某幼儿园就大班音乐游戏活动"秘密武器"开展了课例研究活动。一研的任务是确定选材，分析教材。执教教师在聆听了各种风格、旋律、元素的曲目后，选择了将《纺织歌》作为音乐游戏活动"秘密武器"的曲目。该乐曲分为A、B两个乐段。A段有四个乐句，第一、第二乐句有较为工整的旋律结构，前后呼应，第三、第四乐句较为连贯；B段加入了大量后十六分音符，情绪稍显紧张。根据乐曲特征，教师设计了"找金币"的游戏情境。二研的任务是初次试教，梳理流程。根据参与研究的教师们提出的建议，执教教师对活动流程进行了修改，将角色变更为小熊和蜜蜂，让孩子们用身体动作表达对乐曲快慢的理解。三研的任务是双向评课，游戏升级。新的情境设定非常吸引孩子们，他们对"蜇"的动作也特别感兴趣；钢琴伴奏能够根据孩子们的游戏水平改变速度；幻灯片的展示，配以 A 段每个乐句最后一拍突出的重音，让孩子们沉浸在游戏情境中。四研的任务是改进实施，优化细节。五研的任务是凝练经验，提升素养。经过思维风暴、持续跟进式的多次研讨，大班音乐游戏活动"秘密武器"的活动设计逐步成熟。在最终的设计中，教师将幼儿喜爱的内容（动画角色）、形式（游戏）相结合，激发了幼儿的学习兴趣，他们在整个活动中兴致高昂，既能专注聆听音乐，又能动感十足地享受游戏的乐趣。

（案例来源：安徽师范大学附属幼儿园周莹）

从该案例可以看出，幼儿园主题教研采取的是一课多研形式。教师们通过持续研究，将课例中一个个现场的点串成一条纵向发展的线，研教材、研活动设计、研教具制作、研活动细节、研活动反思，克服了常态教研背景下一课多研更多注重结果而很少挖掘研究本身的弊端。

可扫描二维码，阅读案例 2-6"思维风暴，一课多研；深入跟进，共同成长——大班音乐游戏活动'秘密武器'教学研讨实录"。

案例 2-6

思维风暴，一课多研；
深入跟进，共同成长——
大班音乐游戏活动
"秘密武器"教学研讨实录

"一课多研"的过程不仅是改进教学、促进教师专业成长的过程，也是教研共同体中的教师碰撞思想、获得感悟的过程，更是关注儿童、教师、材料和规则等要素之间的相互关系的过程。[1] 只要教师在课例研究中态度积极、思维活跃、勇于表达，就可以逐渐体验到由专业带来的职业成就感。正像苏联教育家苏霍姆林斯基说的那样，如果你想让教师的劳动给教师带来乐趣，使上课不至于变成一种单调乏味的任务，那你就应该引导教师走上研究的幸福之路。

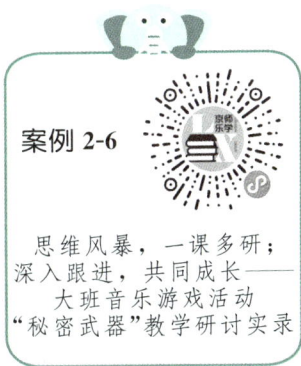

---

① 虞永平：《幼儿园教研需要革命性转身》，载《中国教育报》，2017-11-05。

第三章　幼儿园主题教研的实施

主题教研的有序进行，依赖于真实、具体的活动的开展。层次明晰的实施步骤、契合实践的学习研讨、基于问题的共商与分享、适时适当的专家引领、先进有效的技术支持等，是幼儿园主题教研实施需要重视的关键要素。

第一节　幼儿园主题教研的实施步骤

主题教研的实施是将主题教研的计划落到实处的过程，是落实计划、实现目标的过程，是提高主题教研质量的关键性活动。主题教研的实施步骤包含着两个层面的含义：一是指自完善机构到归纳总结的基本程序，二是指常见主题教研活动的具体环节。

一、幼儿园主题教研实施的一般步骤

（一）完善机构

完善的组织机构是实施过程中重要的组织保障。要根据教研的主题，结合教师的兴趣、特长和发展需要，组建相对稳定的组织机构，做到架构科学合理、职责分工明晰、人员搭配合理，推进教研工作的高效性开展。

（二）前期研究

在正式实施前，组织者要带领骨干人员进行前期的研究准备工作，如收集相关的研究文献、案例等资料，对整个实施过程中的人员进行分工，确定拟邀请的专家、参观的地点等，为提出有针对性的拟订方案和具体实施做好基础性工作。

（三）拟订方案

主题教研的实施方案一般包括主题名称、前期准备、教研目标、方法思路、具体安排和总结提升等方面。

1. 主题名称

教研组将教师在实际工作中的困惑和疑难问题进行提炼整理，找寻一些普遍性的、关键性的、亟待解决的问题作为教研的主题，确定主题名称，以及主题问题提出的背景、意义和目标。有的教研主题比较宽泛，涉及教育实践的面比较广，则需要组织教师对主题进行细化，通过整理归纳、提炼筛选，将一个教研主题分解为若干个小专题，使之形成一个主题网络。

某园设定的学期教研主题为"如何提高幼儿的阅读理解能力"。教师们觉得这个主题较为宽泛，不是一两次教研就能完成的，需要进行持续性的研究实践，于是将其分解为以下几个小专题。

①如何通过提高教师的讲述质量提高幼儿的感受力？

②如何引导幼儿学习观察角色的动作、表情和背景等细节，揣测、理解图画书中人物的心理和情感，并完整表述自己的发现、体会和想法？

③如何引导幼儿学习观察画面关键情境的变化，并将之串联起来，理解故事情节？

④如何鼓励幼儿依据画面线索想象和推测故事情节的发展，改编和续编故事？

⑤如何鼓励幼儿用表演和绘画等不同的方式表达自己对图书和故事的理解与感受？

⑥如何通过将口头语言和书面语言有机结合的方式进行探索？

⑦进行"自主阅读—集体阅读—相互倾听—再自主阅读—相互提问"的学习方式探索。

⑧进行"阅读—想象—联想—讲述—表演—再阅读"的循环阅读方式探索。

这8个小专题的内容涉及面比较广，既有对教学方法的研究，又有对学习方法的探索；既来自教学实际，又都是教师急需解决的实际问题；每个小专题虽然题目不同，但都围绕"阅读理解"这个大主题，并且每个小专题都有具体的切入点，便于教师参与到具体的研究之中。

2. 前期准备

做好前期各项准备工作，是主题教研质量的重要保证。一是要做到"四个明确"。包括明确研讨的主持人，明确研讨的时间、地点、参加研讨的人员和场地，明确各阶段的教研任务，明确是否邀请专家等。二是要做好"四个预告"。包括主题的来源及涉及的相关内容范畴；国内外的成功经验及前沿信息；可供学习和查阅的相关资料索引；人员分工与任务安排，明确教研活动中的主发言人。

3. 教研目标

教研目标是教研活动的出发点和归宿，是之后具体教研活动的行动路线。因此，在拟订主题教研方案时，要认真研究和确定主题教研的目标。教研目标不仅要体现《幼儿园工作规程》以及《指南》等文件的精神，而且要体现正确的儿童观、教育观，明确具体，具有较强的针对性和可操作性。

4. 方法思路

正确的方法、明晰的思路，是做好主题教研的基础。幼儿园要根据选定的主题，运用恰当的方法，确立合适的研讨方式，梳理明确的思路，小步推进，推动主题教研的顺利开展。

5. 具体安排

扎实的过程是主题教研落到实处、提升品质的关键。只有步步扎实，才能步步提升，但实施的前提是要有计划，谋划在前，实施在后。围绕所要教研的主题，根据时间节点，做出具体的计划、安排和路线图。确定研究步骤时，既要考虑计划性又要考虑变化性，不能只固守原有的计划，要根据教师的实际需要和当时状态，适时调整和完善既定的方法与步骤。

6. 总结提升

总结提升是对已完成的主题教研或某一个阶段的教研过程进行描述、分析和总结，从而发现教研方法、思路、状态和效果之间的联系，认识教研过程中凸显的相关经验以及表现出来的不足，为今后类似的主题教研提供借鉴。

案例点击

"疫情防控期间，如何有效开展家园共育工作?"主题教研方案

一、教研主题

疫情防控期间，如何有效开展家园共育工作?

二、主题背景

在新型冠状病毒肺炎疫情的影响下，各行各业的工作都面临新的挑战。互联网开始与越来越多的行业进行深度融合，这也为教育领域的发展提供了新思路，"互联网＋教育"已成为新的教学改革热潮。

《幼儿园教育指导纲要(试行)》中明确指出，"家庭是幼儿园重要的合作伙伴。应本着尊重、平等、合作的原则，争取家长的理解、支持和主动参与，并积极支持、帮助家长提高教育能力"。

那么，在居家的日子里，教师该如何利用互联网有效地开展家园共育工作，才能发挥家园合力，让孩子在家中也能健康而有意义地成长呢? 为顺利实施"互联网＋家园共育"的教育模式，解决家长在特殊时期的育儿难题，有效开展疫情防控期间的家园共育工作，我们开展了主题为"疫情防控期间，如何有效开展家园共育工作?"的教研活动。聚焦居家育儿难题，我们以"提供专业、精准、科学的育儿指导"为此次教研活动的重点。

三、主要目标

第一，明确疫情防控期间家园共育工作的原则、方向，研讨出具体可行的家园共育的形式和内容。

第二，运用互联网实现有效的家园互动，推动幼儿的全方位发展。

第三，提高教师运用互联网进行家园共育的指导力。

四、实施步骤

（一）提出与分解具体问题

为了收集疫情防控期间家长的育儿需求和难题，荣城幼儿园教育集团总园、临泉县东城幼儿园的班级教师通过视频、语音、电话等多种线上方式与家长沟通交流。"现阶段您在家庭教育中的困惑有哪些？""您需要什么样的指导与帮助？""您的孩子需要什么？"年级组教师将家长反馈的问题进行汇总、整理、归纳，提炼出家长最迫切需要解决的问题。之后，教研组长、年级组长进行线上会议，对三个年级组的问题进行对比、分析，寻找问题的共性，并最终将幼儿在家易出现的问题归纳如下。

①幼儿长时间依赖电子产品。

②幼儿一日生活无规律。

③幼儿难以坚持良好的学习习惯。

④幼儿易焦虑、愤怒。

（二）开展教研

教研时间：2020 年 3 月 12 日。

参加人员：荣城幼儿园教育集团总园教师、临泉县东城幼儿园教师。（共30 人）

主持人：李××。

主讲人：丁××、曹××、刘××。

教研方式：云教研（年级组小教研＋集体大教研）。

上午，各年级组分别开展小教研活动。由主讲人带领各年级组围绕问题进行研讨。

下午，开展集体大教研活动。前期的调研准备及年级组小教研，为集体大教研的有效开展做了充分的铺垫。集体大教研依旧采用互动对话和问题讨论的模式开展，先由各年级组长发言，将本年级组研讨出的方式和内容通过网络图的形式进行分享和呈现。教师们再针对每个问题的具体形式和内容，进行深度探讨。

接下来邀请专家点评，并要求教师根据家园情况，不断跟进。

五、教研总结

收集汇总教师的教育叙事以及家长的心得，做好总结的撰写工作。

（案例来源：合肥市荣城幼儿园教育集团）

该案例以疫情防控期间幼儿园存在的真实问题为研究主题，详细分析了研究主题的背景，在此基础上提出了具体可操作的教研目标，详细介绍了主题教研的具体环节，比较完整地呈现了主题教研方案的各个步骤，值得借鉴。

（四）细化落实

拟订了具体方案后，就要赋予具体的操作。组织教师根据主题有目的地进行细化，根据计划有序地实施，根据主题教研的进展及时检查、及时调整、及时总结和提高，努力让计划、操作、检查和总结之间形成一个闭环，让主题教研的方案落到实处。

主题教研一般由多次教研活动组成。在多次教研的过程中，每次教研之间一般具有较强的关联性。比如，第一次主题教研是下一次主题教研的起点和基础；在第二次主题教研中，主持人会根据第一次教研的情况，如遗留的问题或经验，提出本次教研的关注点和新要求，让每一次教研都是有根之木、有源之水，使主题教研形成一个循环往复的闭环，成为螺旋上升的阶梯，使主题教研的水准不断提高。

（五）检查调整

在主题教研的实施过程中，不能唯方案是从，及时检查、适时调整是不可缺少的。通过回顾反思与及时总结，发现问题并针对问题进行分析和会诊，找到解决问题的方法，可以帮助教师更准确地把握研究方向，调整研究内容和方法，让主题教研更加有序、更加有效。

（六）归纳总结

针对主题教研开展的情况，进行相关材料如形成的主要观点、主要经验以及教训等的收集汇总、整理分析，通过归纳提升，形成有价值的经验总结、论文和研究报告等，并通过简报、交流会、论坛、专题研讨会、展示会等形式，彰显研究的成果。（图 3-1）

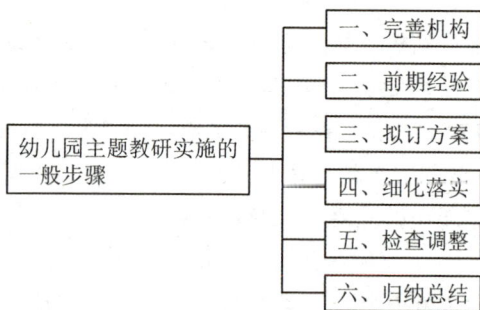

图 3-1　幼儿园主题教研实施的一般步骤

二、常见主题教研活动的具体环节

在完成一个主题教研的过程中，各个阶段往往会根据进展需要，被赋予相应的内容和教研形式，各类内容和形式之间又是相互关联、相互补充和相互支撑的。比如，理论学习、问题探讨、集体备课、无生上课或说课、现场观摩并研讨、案例分析、专家讲座等，每一种活动都是主题教研中重要的一环，形成教研链，为目标的达成发挥各自不同的作用。每一种教研活动都是主题下的小专题，都有既相似又存在区别的教研环节。教研环节的前后次序会直接影响教研氛围和教研质量，要根据需要考虑周到、合理。下面以"基于教材的研读"和"基于案例的研讨"为例，介绍具体的教研活动流程。

（一）基于教材的研读

研读教材对于提高教学品质有着十分重要的作用。主要流程如图3-2。

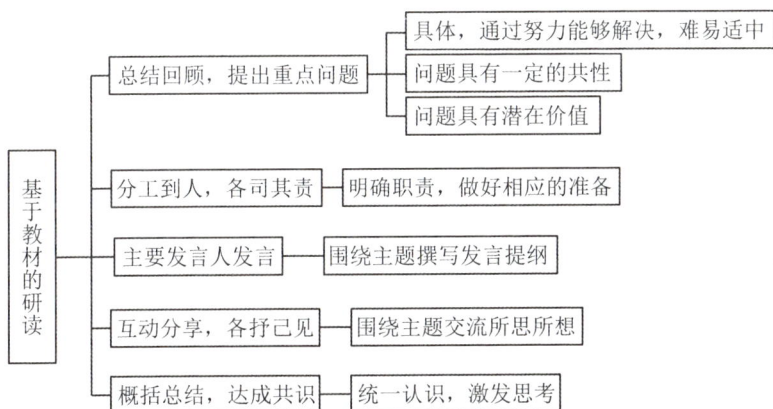

图 3-2　基于教材研读的教研活动流程

1. 总结回顾，提出重点问题

主持人提出问题是教研的出发点，所提出的问题要关注到三个方面。一是问题既要具体，又是教师通过努力能够解决的，难易适中；二是要具有一定的共性，是多数人的问题而不是某个教师的个别问题；三是提出的问题要具有一定的潜在价值，解决后能有效提高教学效率、改进教学行为。

案例点击

某园在"如何研读教材"主题教研中，开展了"研读绘本故事《鼹鼠的皮鞋车》"专题教研。

活动中，主持人首先介绍："我们的教师在上次的无生上课时遇到了一个共同的问题，就是只会念文本中的字，没有对绘本进行深入的研读。根据大家的建议，确定将'如何深入研读教材，提高教师的讲述质量，提高幼儿的感受力'作为本次研讨的问题。"

其次，主持人说明了本次教研的目的和具体要求："本次研讨的目的，一是从故事的主题、语言、人物等方面进行梳理，深入挖掘故事内涵，提高教师解读故事文本的能力；二是在研读故事《鼹鼠的皮鞋车》的基础上，以大班为例设计主题活动框架。教研活动分为两个环节，一是故事研读，二是主题活动设计。绘本《鼹鼠的皮鞋车》围绕着一只破旧的皮鞋展开，讲述了一只被大家嫌弃的破皮鞋最后变成人人喜欢的皮鞋车的故事。故事的主人公小鼹鼠善于发现，乐于创造。如何将这个故事转化为有价值的教育活动？希望大家认真思考，积极参与。"

（案例来源：合肥市大西门幼儿园教育集团）

案例中，组织者围绕教研主题，开门见山，就研讨的目的和要求加以说明和提醒，并就绘本故事的内容要点进行了概括性的描述，有效地帮助教师聚焦问题，为后续有目的、有效率地开展教研活动开了一个好头。

2. 分工到人，各司其职

比如，某园在进行"如何研读教材"活动之前，对即将开展的活动中的任务进行了具体分工，将绘本讲述，课件准备，研课记录，活动观察（如倾听并比较3位左右教师的不同讲述情况，观察教师讲述绘本时的表情和动作），录音，摄像，照相，资料整理和上传等任务一一落实到人，使每位参与教研的教师都明确了自己的职责，各自做好了相应的分享与准备工作。

3. 主要发言人发言

主要发言人在会前围绕本次教研的主题以及具体的内容，就如何研读教材、阅读绘本做好发言的准备。但由于活动现场是鲜活的，孩子的活动是不可预测的，会有许多意想不到的情况发生；所以，主要发言人需提前准备发言的提纲，要注意亮出自己的主要观点，最好能提出可能引发大家讨论的问题。

案例点击

某园开展了"研读绘本故事《鼹鼠的皮鞋车》"的教研活动。在第一个环节——故事研读中，三位教师根据自己的理解和阅读经验，分别讲述了故事《鼹鼠的皮鞋车》。欣赏后，两位主要发言人（一位有经验的老教师，一位年轻的新教师）分别发表了自己的想法，并提出了一些建议。

老教师："我认为绘本故事讲述和一般的故事讲述是有区别的。绘本故事有画面，要让静止的图画生动起来，要将前后画面结合起来看，不能照本宣科，不能机械地只读文字，其间的留白是驰骋想象的空间。要读出孩子难以发现的小情节、小片段。只有教师自己把绘本看懂、看透、看通，才有可能引导幼儿立体地阅读绘本。"

新教师："我觉得教师在看绘本时，要根据幼儿的认知特点，用他们的眼光来看绘本、读绘本。要关注画面之间的关系，通过一些细节，如人物的表情和动作，全角度地解读和演绎绘本。"

（案例来源：合肥市大西门幼儿园教育集团）

4. 互动分享，各抒己见

参与教研的教师围绕预定的主题，结合活动现场的情况，交流自己的所思所想，相互吸纳，相互促进。

📚 案例点击

某园在"研读绘本故事《鼹鼠的皮鞋车》"的教研活动中，将参与人员分成了白帽组、绿帽组和蓝帽组三组，围绕主人公的品质、语言特色和主题价值展开了研讨。（图 3-3）

戴上思考帽

白帽：我发现　　绿帽：我分析　　蓝帽：我总结

图 3-3　幼儿园研讨分组图示

各组在讨论后，分别选出代表在分享环节中发言。

一、白帽组——我发现

出示关键词：小鼹鼠的勤劳创新、故事的语言特色、环保主题。

（一）主人公的品质

小白兔和小松鼠看到皮鞋后，表现出的是满脸的嫌弃和不屑。小白兔踢了踢皮鞋，走开了。小松鼠闻了闻，也走开了。只有小鼹鼠，它选择了收集这只皮鞋，并且将它改造成了一辆崭新的皮鞋车。这说明小鼹鼠非常善于发现，有创新意识。

它将皮鞋车做好后，没有独自使用，而是开着皮鞋车送小白兔去上学，给小松鼠送松果。这可以看出小鼹鼠有乐于分享、乐于助人的品质。

（二）语言特色

故事开篇"美丽的草地上躺着一只破皮鞋"，"美丽的草地"和"破皮鞋"形成了鲜明的对比。看到这只皮鞋你会怎么做呢？走过去、捡起来扔掉、废物利用……故事开头就给了我们思考的空间。

故事中词语的使用也十分精妙，特别是动词的使用。"踢""闻"体现了小兔子和小松鼠对破皮鞋的嫌弃。而小鼹鼠先"看"再"想"，表现了它对破皮鞋的态度。

描写小鼹鼠改造皮鞋车的这一段也使用了很多动词，如"提、冲、修、刷、推、安"；还使用了一些连词，如"先、然后、接着"。这些动词和连词的使用，让故事的语言极富逻辑性，也凸显了小鼹鼠做事严谨、有条理的特点。

（三）主题价值

小鼹鼠变废为宝，对破皮鞋进行清洁、创作、加工后，使其变成皮鞋车，贴合当下环保理念。我们要积极引导幼儿，使其在故事情境的引导下产生动手操作的兴趣。

故事中的小动物其实折射的就是生活中的我们。小鼹鼠的勤劳创新、乐于分享也是可以迁移到幼儿的生活中的，可以促进幼儿社会性的发展。

二、绿帽组——我分析

（一）主人公的品质

几个动物的个性特点通过一系列的动作生动地表现出来。小鼹鼠看到皮鞋后的反应不同于其他两个动物的"踢了踢""闻了闻"，而是"想一想"。"想"是它思考过程的体现，凸显了主人公善于思考的品质。

（二）语言特色

故事中小鼹鼠制作皮鞋车的一系列动作体现了一定的逻辑性。基于幼儿的年龄特点，可以引导幼儿在身体体验后进行表达，逐渐从"随意说"慢慢发展为按照一定顺序较完整地讲述。

（三）主题价值

围绕故事主题，追随幼儿的认知经验，生发出相关的五大领域活动和区域活动。

故事当中三个小动物看到破皮鞋后的反应各不相同。小兔"踢"破皮鞋，小松鼠"闻"破皮鞋，小鼹鼠改造破皮鞋。在疫情防控期间，我们更应该思考如何进行安全教育，引导幼儿在自我保护的基础上处理垃圾。

三、蓝帽组——我总结

图 3-4 呈现了蓝帽组的总结图示。

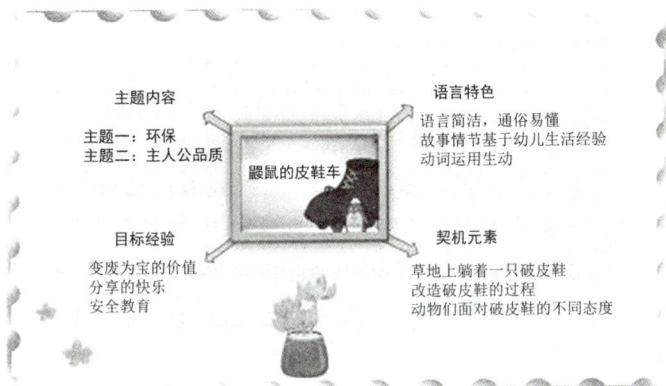

图 3-4　幼儿园蓝帽组总结图示

（案例来源：合肥市大西门幼儿园教育集团）

5. 概括总结，达成共识

主题教研是要解决问题的，不求解决所有问题，但是要激发教师去思考，要聚焦每一个小点，统一认识，对大家普遍认同的方法策略进行归纳，并对相关材料进行收集汇总，方便教师加以借鉴和吸收。

案例点击

某园在"研读绘本故事《鼹鼠的皮鞋车》"教研活动后，主持人进行了概括性的陈述："故事是幼儿探索世界的一扇窗。好的故事不仅能让我们产生共鸣，更能让我们在和幼儿的互动中建立连接，共同成长！老师们采用了不同的视角，分析了故事的内涵，初步感受了讲述绘本故事时应注意的几个关键点。第一，教师自己要深入研读绘本，想象和挖掘文字与图画以外的故事，不断拓展故事的外延；第二，要注意讲述时有声语言和无声语言的合理运用，提高感染力，帮助幼儿更加全面、立体地感受作品的内涵。同时，大家也挖掘了这个绘本对于幼儿发展的潜在价值，从而把故事内容与幼儿的已有经验连接了起来，使主题活动的实施真正成为一个生活化、趣味性和综合性相结合的过程。以一个故事为起点，推动教师研读故事、研究儿童，促进教师专业化水平的提升！"

（案例来源：合肥市大西门幼儿园教育集团）

从主持人的最后总结中，不难看出，主持人在教研过程中能够认真倾听同伴的发言，能够在尊重发言人的基础上，较为精准地把握发言人的表述中的几个要点，并加以提炼，有较强的总结概括能力。其总结不仅对年轻教师有较强的指导作用，也对今后教研的进一步开展起到承上启下的作用。

（二）基于案例的研讨

幼儿园的主题教研往往离不开具体的案例。将理论与实践进行有机的结合，在教研前后组织相应的观摩活动，能够促进理论进一步指导实践，让实践不断地检验理论理解和运用的层次和实效。每次观摩活动后，教师们的感想是丰富多样的，他们会根据自己的教育经验和理论认知形成自己的观念。这时，主持人需要加以聚焦和提炼，以避免研讨时的发散和同水平的重复，使一些共性的问题得以杜绝，教训得到及时吸取，一些可供模仿或提升水平的实际经验得到有效运用。（图 3-5）

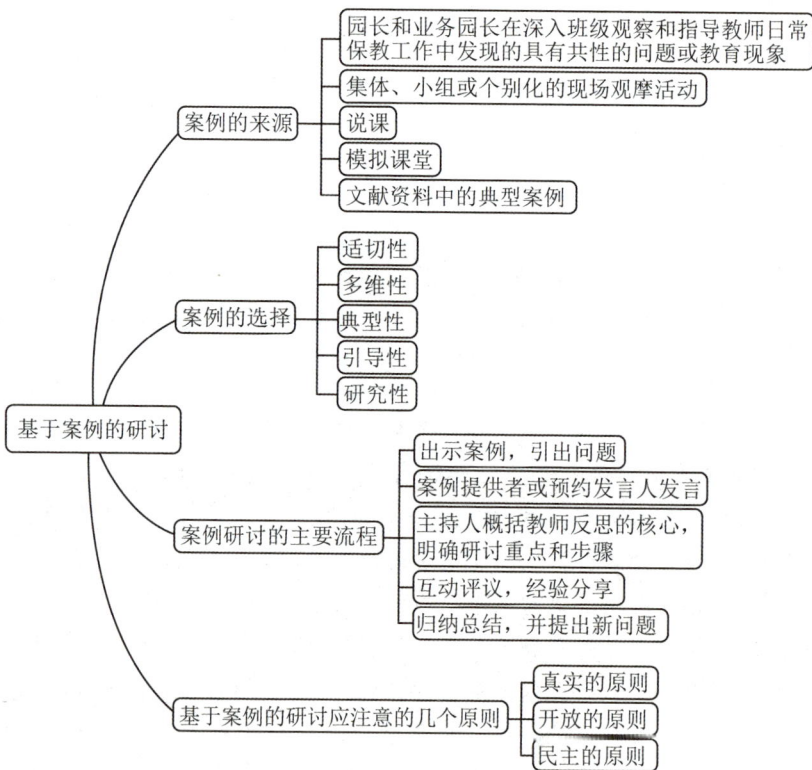

基于案例的研讨

- **案例的来源**
  - 园长和业务园长在深入班级观察和指导教师日常保教工作中发现的具有共性的问题或教育现象
  - 集体、小组或个别化的现场观摩活动
  - 说课
  - 模拟课堂
  - 文献资料中的典型案例
- **案例的选择**
  - 适切性
  - 多维性
  - 典型性
  - 引导性
  - 研究性
- **案例研讨的主要流程**
  - 出示案例，引出问题
  - 案例提供者或预约发言人发言
  - 主持人概括教师反思的核心，明确研讨重点和步骤
  - 互动评议，经验分享
  - 归纳总结，并提出新问题
- **基于案例的研讨应注意的几个原则**
  - 真实的原则
  - 开放的原则
  - 民主的原则

图 3-5　案例研讨思维导图

1.案例的来源

每所园中每位教师在教育实践中都会拥有或遇见大量的活动案例。案例的主要来源有以下几个方面。

第一，园长和业务园长在深入班级观察和指导教师日常保教工作中发现的具有共性的问题或教育现象。

第二，集体、小组或个别化的现场观摩活动。教师根据教学设计方案，现场展示教师和幼儿在实际教学情境中的互动情况，展现师幼在活动情境中遇到的实际问题以及解决问题的方法策略。

第三，说课。教师在组织活动前向同伴说明活动目标、活动准备、教学方法、主要活动环节、理论依据、活动过程、预期效果等。

第四，模拟课堂。幼儿园可以采取无生上课的形式，让教师扮成幼儿，让教师进行模拟上课，或在课前让教师进行预操作等。

第五，文献资料中的典型案例。收集与主题相关的典型案例、专题讲座或专家观念等，以供教师们在研讨时进行比较、甄别和学习，转变教育观念，指导教育实践。

2. 案例的选择

选择恰当的案例是基于案例的主题教研之基础和起点，对于调动教师的主动性，提高教研的有效性十分重要。在对案例进行筛检时，要关注以下几个方面。

第一，适切性。提供的案例要契合教师的工作实践，避免表演性的"假案例"和"伪案例"。贴近教师实际工作的案例会让教师有话可说，有事可做；远离教师实际工作的案例会让教师感到索然无味，隔靴搔痒，不利于研究目标的达成。

第二，多维性。提供的案例不能偏向某一方面，应具有多样性。可以是教师日常教育实践中具体、真实的困惑或问题，也可以是对某一个活动场景的描述或情境再现；可以是集体活动中的课例，也可以是生活活动以及小组和个别活动中的情境；可以是成功的案例，也可以是一些失败的、足以引起教师反思和考量的实例等。多维的案例会为主题教研提供多角度、立体化地解析、归因和总结的可能性和保证。

第三，典型性。提供的案例不是少数教师感兴趣的而是多数教师感兴趣的事件，不是偶尔发生的而是教师们经常遇到的事件，描述的不是个别现象而是普遍存在的现象，具有很强的代表性。

第四，引导性。提供的案例应该能推动教师专业发展，靠近教师的最近发展区，能激发教师对教育本质的思考，引发教师透过现象去反思，感悟教育的智慧。

第五，研究性。提供的案例应能唤醒教师的原有经验，激发研究的兴趣；应能促使广大教师发现问题，并基于问题进行分析思考、实践检验。

3. 案例研讨的主要流程

第一，出示案例，引出问题。出示的案例，可以是教师现场观摩过的，可以由主持人或介绍人讲述，也可以运用信息技术回放。出示案例时，要注意三个方面。一是要突出重点，与主题的相关度要高；二是要注意先后顺序，具有层次性；三是要带着问题来出示，以使教师迅速卷入研讨之中。

案例点击

某幼儿园组织教师观摩了另一所幼儿园的区域活动。活动前提出了相关问题，让教师带着问题有目的地去观摩。观摩结束后，该园组织教师进行了研讨。主持人根据教师的颇多感慨发出提示："今天，我们观摩了××园的区域活动，知道大家很有感触。现在，我们要围绕今天的研讨话题进行研讨。老师们还记得我们之前确定的研讨话题吗？请各位注意聚焦以下问题。哪些地方可以体现出××园在游戏材料的投放中运用了层次性策略？给我们带来了哪些启发？各位研讨时注意聚焦，概括不要过于笼统，更重要的是描述游戏的场景，要在比较、对比中描述孩子们作用于这些游戏材料时的不同状况。要更方便老师们在模仿中摸索、在摸索中慢慢体会，将策略慢慢变成自己的方法。"

（案例来源：合肥市安庆路幼儿园教育集团）

第二，案例提供者或预约发言人发言。主讲（或授课）教师在研讨前要对案例进行梳理，进行自我剖析和反思，梳理、总结经验和教训，让研讨者更好地了解组织者的设计与实施意图。可以从教育理念、活动目标和活动效果等方面进行。主要包括以下几点：一是自己的设计理念、设计意图和理论支撑，促进幼儿发展的三维目标的制定，在重难点的突出与突破方面采取的主要方法和路径；二是预设目标的达成度、原因分析，在具体组织过程中自我感知到的优点与不足；三是存在的困惑；四是改进和完善的思路与打算等。时间一般控制在五分钟左右。

案例点击

某园开展了"如何引导幼儿围绕话题进行谈话活动"的主题教研活动。毕老师提供了一节大班集体谈话（辩论）——"冬天好还是夏天好"教学展示活动课。研讨之前，毕老师就自己的教学活动课做了深刻的反思。

"本次活动是大班辩论活动。活动中，我主要从幼儿学习与发展的角度确定了两个活动目标。一是敢于在集体面前表述自己的观点，对辩论活动感兴趣；二是能认真倾听对方的陈述，尝试进行有针对性的反驳。

活动主要围绕'听'和'说'这两个幼儿语言发展中比较重要的核心要素来设计和组织，以求达成活动的目标。

　　今天，我和大家一起见证了孩子们的表现，他们真的很了不起。他们都是第一次参加辩论活动，有关这个话题和辩论的经验还很欠缺，但是他们都在认真、努力地表述自己的观点，在集体面前大胆地表述，也认真倾听别人的发言，努力地去找出别人说话的漏洞来进一步进行有针对性的反驳。其中，他们也会遇到一些困难，但是孩子们十分努力。我觉得孩子们进步了，也获得了发展。

　　辩论活动对老师而言是一个很大的挑战。虽然我之前也上过很多次课，但每一次孩子们的表现都是不一样的。老师需要认真倾听，及时、准确接住孩子们的'球'，并玩转这个'球'，这对我来说真的是极大的挑战。在一次次的对话中，我也在和孩子们一起成长。

　　每一次都有不同的发现和问题引发我的思考。

　　比如今天的活动，第二轮辩论前的集体尝试环节，我感觉进行得不够充分，交代得不够清楚明了。另外，在辩论环节，我的本意是让孩子们自己去发现对方表述的不妥之处，所以没有及时提炼与疏导，教师引领的作用体现得不够。说实话，我也担心，怕我对孩子的理解不准确，担心干预过多会牵着孩子走，想让孩子在前、教师在后，但是往往会出现顾此失彼的现象。所以，在度的把握上，我还有待提高。

　　教学本身就是一门遗憾的艺术，这更加体现了教研的价值和魅力。希望得到各位专家的指点，我还会继续努力，通过不断提升我的教育理念、回归教育的本质，紧紧抓住幼儿语言发展的核心经验，完善自己的教育行为，促进幼儿语言等方面的发展。"

　　（案例来源：合肥市双岗幼儿园教育集团、合肥市庐阳实验幼儿园教育集团）

　　毕老师能够紧紧抓住辩论活动的核心经验。在辩论活动中，幼儿敢于在集体面前表述自己是喜欢夏天还是喜欢冬天，并能就自己的喜欢说出理由；同时，在活动中能注意倾听对方的讲述，及时发现对方的讲述中存在的矛盾和问题，并进行有针对性的反驳。在毕老师的反思中，与会者能够感受到她对谈话（辩论）活动的认识和见解，这可以激发其他教师对辩论活动的兴趣并有意投入教学实践中去。

　　第二，主持人概括教师反思的核心，明确研讨重点和步骤。主持人要将教师反思的主要内容加以概括和提炼，针对问题的核心，提出下一步教师研讨的重点，明确研讨的具体环节，让教师心中有数，避免脚踩西瓜皮而任意滑行，聚焦核心，把握好节奏，提高教研的针对性和有效性。

案例点击

主持人："辩论活动的确对老师的挑战很大，要及时、准确地接住孩子们抛过来的'球'，并玩转这个'球'，这的确不容易。刚才，大家看了毕老师组织的整个活动，也听了毕老师的反思；现在，请各位围绕'说'和'听'，即如何'说清楚'自己的观点和理由，如何'听明白'对方的观点和发现其中的漏洞，从而进行有针对性的反驳等，结合自己的经验，谈谈如何发挥教师的支持作用，合理、有效地引导幼儿围绕话题进行谈话活动。"

（案例来源：合肥市双岗幼儿园教育集团）

第四，互动评议，经验分享。教师之间通过评价、交流和反思，可以发现一些当事者自己没有发现或难以发现的细节问题；也可以通过观察和反思，借鉴别人教学的成功之处。教师分享各自的感想和体会，提出自己的看法和建议。简单明了的板块一带而过，需要重点研讨的板块可以以回放的录像或详细客观的活动实录为佐证。通过互动评议，大家分享一些好的做法，集思广益。首先，把创新的设计和方法总结出来，把不可取的做法排查出来。其次，把主题涉及的尚未解决的疑惑提出来，激发教师持续跟进的兴趣和内需力。

案例点击

某园在组织同课异构大班看图讲述《小兔搬家》教学观摩后，围绕小主题"如何提高幼儿的阅图能力"展开了热烈的互动交流。（图3-6）

图3-6　看图讲述《小兔搬家》图示

李老师：我觉得小王老师学习了关于语言核心经验的文章后是有改进的，她努力运用先进的理论来指导自己的教育实践。比如，在提问"请仔细观察，他们是怎么搬家的？"时，可以边比画边说"你认为右下角的小兔是首领，是从哪里看出来的？"，引导幼儿去仔细地观察画面，发现画面中角色的表情和动作的变化，将之串联起来理解画面的内容。

张老师：我觉得小刘老师在鼓励和引导幼儿自主阅读方面做得还不太够。还是对孩子不放心，不敢放手。其实，大班孩子是可以自己观察到关键的画面形象的。我旁边的小男孩一直在跟小伙伴交流自己的发现，说小兔的房子破得不成样子了。这说明这个孩子对画面中的细节比较敏感，如果予以鼓励，那么孩子会注意对故事环境的描述。

秦老师：我觉得面对大班孩子，教师还应该注意引导幼儿有条理地讲述画面的内容。比如，第一幅图中，可以提醒幼儿先讲述哪部分，再讲述哪部分，如先讲述两只抬着桌子的小兔，再分别讲述两只搬着板凳的小兔。不能一句一句零散地讲述，要注意有序、有条理，并有一定的逻辑性。

陈老师：我觉得这四幅图很有意思。比如，第一幅图里面包含很多的动词、方位词和关联句式。我们不应该着急，要通过有效的提问，如"他们是怎么搬家的？""左下角的小兔到底是顶着小板凳呢还是举着小板凳呢？"，引导幼儿去观察、去发现，并运用已学过的词汇来讲述。

范老师：我觉得孩子的语言表达能力不是通过一次集体阅读活动就能培养起来的。如果孩子从小班开始就得到了语言能力的培养，那么到大班就自然注意语言的有序性和完整性了。幼儿的语感培养很重要。

袁老师：我也这么认为。不能停留在图画表面，小王老师能引导幼儿结合自己的生活，结合前后页信息来深入理解画面的内容，如将第一张图与第二张图、第三张图进行对比，让幼儿观察并发现小兔表情的不同，大胆揣测和想象小兔会怎么想、怎么说，从而培养幼儿的语言表达能力和想象力。

程老师：两位老师的进步很大，一次比一次棒。在最后的环节中，两位老师都能抓住画面中的关键信息，一位鼓励幼儿用边讲述边表演的方式，另一位用续编并自制图画书等方式，引导幼儿充分表达对画面的理解，感受文学的美。

在上面的互动环节中，教师们能以关于图画书阅读方法和策略的文章为理论支撑，紧密结合自己的工作实践，围绕话题发表自己的看法并提出改进建议。互动评议过程中往往会出现两种情况。一种是因一个插曲甚至发言者的一句话，而把话题引到其他方面，渐渐偏离研讨的主题；另一种是教师们提的问题越来越多、越来越广，对具体解决办法的思考和做法的回顾却分享得比较少。这就要求主持人做好过程的调控、问题的聚焦，并引导教师们思考和讨论解决问题的方法策略，激励教师们把自己的做法亮出来，群策群力，解决问题。

第五，归纳总结，并提出新问题。

一是主持人对整个主题教研的过程和取得的经验进行小结，总结提炼此次研讨达成的共识和存在的问题。

二是主持人就本次主题教研进行总结与反思。主要立足教研的内容、形式和效果进行反思与总结。本次教研的主题是否切合教师们的实际？采取的教研方式是否对解决问题起到推动作用？教研过程中，各位教师是否聚焦核心问题？有没有跑偏？教师参与的广度和深度如何？是否达成了一定的共识？这些共识是否有效和科学？通过反思与总结，提高主持人的调控能力，提高主题教研的质量。

三是鼓励教师撰写教学及教研反思，建立自己的经验宝库。

四是对相关资料进行收集和整理。包括主题解读的资料记录、集体备课笔记、教案、课件、评课记录、主题小结等。进行活动新闻的撰写与发布。

五是提出下次研究的关注点，确定下次教研内容及分工。

六是建议教师继续研读相关的专业书籍。

4. 基于案例的研讨应注意的几个原则

第一，真实的原则。案例研讨时，要坚持真实可信，不浮夸，避免"假案例""假研讨"，积极构建学习实践共同体。教师应在真实的问题情境中，思考真实的问题，探索出真正能解决问题的各种方法和策略。

第二，开放的原则。提供多样化的案例，组织教师针对相似、相异的案例进行研讨，引发教师的多维思考，发现并总结可沿袭的经验；注意引发参与者对提供的案例进行多角度的分析、解读和讨论；同时，研讨的形式也要注意多样化，如讨论式、辩论式、经验交流式等。

第三，民主的原则。将案例研讨作为一个交流的平台，不强求一致和统一，避免"一言堂"，将"独唱""独舞"转为"合唱""群舞"。园长等领导者不武断地下结论、贴标签，悦纳教师的不同看法，鼓励教师发表不同的意见，支持教师创造力的发挥，促进广大教师思维的相互碰撞。每一个人既是倾听者，又是发声者，共同促进彼此的专业化发展。

第二节　幼儿园主题教研中的学习研讨

正确的教育思想和观念是做好教研活动的核心，幼儿园应该建立学习研讨机制。幼儿园应围绕教研的主题，有针对性地组织教师进行系统的学习，深入理解《幼儿园教育指导纲要(试行)》和《指南》的教育理念与精神，收集整理和筛检同一话题下，来自专家和先进地区教师的重要观念和具体做法，找出彼此之间的行为差异，在学习对照中寻找独特的研究视角。学习活动是提升教师理论素养、实现专业自主发展的关键因素，能够帮助广大教师在正确的理念引导下进行观念更新、实践改进。教师应知道自己在什么情况下应做什么，面对经常出现的问题和场景，应能自动地、无意识地做出很好的反应，与幼儿进行有效的互动。在教育实践中，教师应善于发现问题和解决问题，获取处理复杂的、不确定的情景的知识和能力，从而提高专业水平。

一、学习研讨的主要阶段

(一)确定学习内容

对主题的相关理论或者案例等的学习，需要有计划地实施和完善，不能随意为之。每一次学习活动，组织者都要结合主题教研的目标，根据上一次学习或者研讨的具体情况，针对具体的问题清单，聚焦问题的分析和解决，确定所要学习的具体内容，避免宽泛、笼统。同时，可以根据所要研讨的问题，为参与的教师提供相关的图书目录或具体视频资源包，以便于教师有目的地准备。

(二)自主学习阶段

首先，鼓励教师根据问题清单，选择自己感兴趣的内容，遵照自己日常获取信息的基本方法和途径，如书籍、广播电视、互联网等，进行自主学习；其次，引导教师结合自己的教育实践进行深入的思考、判断，并积极撰写心得和感悟，逐步建立自我解决问题的知识体系，并形成自主思考的能力。

(三)资源共享阶段

经过自主学习阶段之后，教师回到教研组中，畅谈自己的学习体会，利用所学到的新知识重新对问题做出评估。通过设疑、质疑、交流、合作、研讨等，使一些共性的问题得到解决、个性的问题得到关注。这个阶段需要教师将新旧知识和经验进行碰撞、加以重组，建立经验新链条，从而牢固地构建起自己的知识体系。

(四)总结反思阶段

鼓励教师对自己或他人的学习感悟和思考做出评价，对解决问题的方法和途径进行归纳与总结。邀请专家对教师的实践过程和成果进行一些关键性的点评，促进教师做深层次的反思，帮助教师更好地总结归纳和提炼提升。

(五)成果展示阶段

搭建汇报会、教育故事会、小论坛、研讨会等不同层次的平台，鼓励教师利用微视频等各种不同的形式来展示和汇报自己的学习体会，推动教师更好地梳理自己的学习经验和实践体会。

二、学习研讨的基本环节

（一）内容提前预告

让教师清楚所要研讨的具体问题以及所要做的事情。鼓励教师积极准备，尊重教师阅读和思考的习惯，认同教师的学习方式。

（二）共享资源包

收集与教研主题相关的各种资源，形成相关资源包，供教师参阅，以奠定应有的理论基础，使教师研讨时有底气、有理论依据、有话说、敢于表达。

（三）确定领学者

领学者可以先行一步进行研读，做到有准备地带领大家学习，共同交流，为教师提供有效的理论支撑和实践指导。领学活动可以促进教师自我价值的实现，增加同伴的收获，互助前行，自我更新。

（四）讨论分享

鼓励每位教师踊跃地用自己的方式表达思想和看法，积极碰撞，智慧共享。提醒教师认真倾听并做好记录，尊重每位发言者。

（五）总结提升

肯定每一位发言者和认真倾听者。不轻易下结论，切忌贴标签。将大家达成共识的经验进行概括、提炼，帮助教师搭建理论与实践的桥梁。

（六）问题延续

不遗弃遗留问题，回归实践，寻求答案。提供辅助资料，为有心者提供学习的可能性、机会、空间。让每次学习研讨的结束变成新的开始。

（七）撰写读书心得

鼓励教师对照理论，反思自己的教学行为，撰写读书笔记，从而提高教师对这个主题的认识，促进教师理论水平的提高。

案例点击

某园开展了"STEAM 课程理念在幼儿园的运用"主题教研活动，围绕如何理解 STEAM 课程、STEAM 课程与《指南》的契合点在哪里、如何设计和组织科学探究活动等问题组织了学习研讨。

STEAM 教育是集科学（Science）、技术（Technology）、工程（Engineering）、艺术（Arts）和数学（Mathematics）多学科融合的综合教育。该园紧紧围

绕主题"STEAM 课程理念在幼儿园的运用"组织学习研讨。整个过程中，主持人能在学习前将相关的资料提供给教师，让教师在研讨中有话说，让参与者充分互动，以提高学习的实效性。研讨中，教师能以《指南》的精神为准绳，找寻STEAM 课程与《指南》的契合点，以科学探究为切入点，立足幼儿的年龄特点和学习方式，注重在STEAM 课程环境下，支持幼儿直接感知、亲身体验和动手操作等，使幼儿获得基本的科学知识，掌握基本的探索能力，培养良好的科学精神。

可扫描二维码，阅读案例 3-1"'STEAM 课程理念在幼儿园的运用'学习研讨过程摘要"。

案例 3-1

"STEAM 课程理念在幼儿园的运用"学习研讨过程摘要

三、教师自我学习的方法和途径

(一)进行针对性学习

对自己的教育教学理念、教育教学水平、教育教学能力等进行梳理，确定存在的问题和自身的弱势，形成学习专题，以解决问题为目标循序渐进地学习与实践。(表 3-1)

表 3-1　教师自我梳理分析表

基本内容	特点分析		主要问题
	优势	弱势	
活动设计与实施			
游戏观察与指导			
生活常规培养			
师幼互动			
理论知识			
家长工作			
……			

(二)建立学习文件夹

对自己平时的学习情况做累积性的记录，如在书的边缘空白处或利用小标签写下评语、随感等，把这些记录整理成学习文件夹，以便进行资料的整合和归纳。

(三)进行批判性阅读

立足《指南》和《幼儿园工作规程》，尊重教育的规律，尊重孩子的年龄特点和学习方式等，不迷信、不偏信，客观看待他人的经验，有意识地从批判的视角去阅读，敢于质疑，学会与书本对话、与自己对话、与幼儿对话。

（四）进行互动式学习

学会利用研讨会等线下或线上的方式进行交流学习，充分利用各种信息交流平台进行同伴互助，不断提升自己的理论修养。

（五）进行反思型学习

针对学习材料中的观点、方法等，引导教师结合自己的教育实践进行对照，思考哪里是值得自己借鉴和吸纳的，哪里是同样需要避免的。

（六）进行整合式学习

不断将理论与实际相联系。实践是检验真理的唯一标准。充分利用各种资料素材，并将其整合到幼儿的生活与学习中，去验证自己的想法和措施的有效性，避免知行分离、言行脱节，努力将科学的教育观念转化为教育行为。

第三节　幼儿园主题教研中的共商与分享

共商与分享是园所在组织和实施主题教研过程中的基本主张，倡导利他性、公益性和共享性，是挖掘和利用团队教育资源，发现和培养本土专家的重要途径，是幼儿园主题教研中必不可少的环节。

一、共商与分享在主题教研中的作用

共商与分享是幼儿园主题教研中的重要内容，是推进主题教研实施，提高效果的重要路径，是教师针对在实际教育教学过程中遇到的困惑、产生的意见分歧，通过集体讨论和磋商，在思维的碰撞中，在经验和教训的分享中，发挥集体的智慧，共同商讨解决的方法和策略的过程。"人在一起，叫聚会；心在一起，叫团队。"只有心在一起，分享教学智慧、分享教研经验、分享活动反思，发挥团队的力量，才能促进共同进步。在共商与分享中，教师能够不断创新工作思路和方法，大家愿意合作、愉快合作，共同分享教学教研的新经验、新成果，打造学习与实践共同体。这样的过程能够把教研团队建设提升到一个更高的层次。

案例点击

某园组织园内观摩活动，小陈老师展示了大班散文《雨中的森林》教学活动。在课后评议活动中，有的老师认为小陈老师充分使用了多媒体课件，第一环节中老师边操作课件边朗诵散文，效果很好，能让幼儿充分感受到散文的

意境；而有的老师认为第一个环节使用课件，会影响幼儿的想象力，应该由老师清讲，让幼儿充分想象散文中描述的画面……

小陈老师在参加完主题教研后，写下了这样的心得。

"今天，我参加了小班组的经验分享活动，感到很开心。在这个团队里，我们可以彼此交换思想，可以多一种角度思考问题。这次主题教研，保教主任能充分尊重我们每位参与教师的发言权，大家都是平等的参与者，都可以就主题教研的内容积极建言献策。这些分享既是一些行为的再现，更是一种思想的表达，是深思后的再梳理，能够提升自己和他人，能够对整个团队产生积极的影响。通过多边沟通和磋商，大家优势互补，塑造责任共同体。"

二、共商与分享活动的主要形式

共商与分享活动的形式主要有以下几种。

（一）书面分享

让教师撰写读书心得，以电子或是纸质的方式在教师之间传阅。无论对于写者还是对于阅者来说，书面分享的过程其实都是再思考、再整理、再提升的过程。

（二）读书分享会

让教师在倾听发言或观看视频的过程中，进一步感受发言者的心声，方便进一步沟通，达成一些共识，商讨一些分歧。这是一种成效显著的分享方式。

（三）教育故事分享会

每位教师都拥有自己的教育故事。通过故事分享会，教师把自己难忘的事件用故事的形式加以讲述，用教育的情怀加以润色，用理性的思维加以概括，用深刻的思想加以升华，让大家在分享中相互鼓励、相互欣赏、相互促进，感受职业的幸福感。

（四）问题协商会

针对具体的问题，共商解决的方案。在协商过程中，要注意理论结合实际，最好能够邀请专家到场，以便更好地厘清思路，获得理论支撑，辨明方向，达成共识。

（五）观摩研讨会

组织这种活动时既要注重观摩，更要注重观后的研讨，要让观摩教师有目的地观摩，明确研讨的话题。引导教师针对重点说出具体好在哪里、不足在哪里，并根据自己的理论学习和具体实践，给予一些自己的看法或解决措施。要避免研讨时你说这一点，我说那一点，说的都是表面的、零散的，最后没有一个共同的目标，难以达成共识。

三、共商与分享活动的基本环节

(一)环境创设

共商与分享活动是一个彼此接纳、彼此共享、共同促进和发展的过程。因此，幼儿园主持人可以在分享前将环境布置得清爽宜人，这有利于营造温馨和谐的气氛。

(二)背景描述

提出需要协商的问题，通告分享的内容和方式。

(三)经验分享

小组成员把自己获得的信息或在教育教学改革中获得成功的案例提供出来与大家共享，以此促进信息的流动和成功经验的推广。

(四)互动对话

小组成员就理论学习或具体案例中的某一观点、某种做法或教育教学的热点、焦点问题提出自己的看法和意见，通过看法和意见的相互碰撞，开启头脑风暴。

在交流和碰撞中，教师不断地自我认可，不断地自我否定，不断地自我更新，不断地检验和提高自己对教育的认知，从而逐步走向自我认同、自我肯定，循环往复、螺旋上升，在辩论中不断靠拢，从而使教育观念、教育实践等得到不断的调整和完善，加深对教育的理解，增长教育的智慧，产生超出预期的增值效应。

(五)寻求支撑

幼儿园组织分享活动的过程中往往会出现意见不一的情况，这是主题教研中的正常情况，也是可喜之处。此时，组织者可以寻求理论或实践的支撑。比如，可以再次组织理论学习，学习专家的主要观点和实施建议，从中找到理论依据和实践经验；可以邀请相关的专家给予专业上的支持，帮助教师厘清思路、端正观点，选择更优的方法和路径。

(六)总结概括

共商的目的就是形成一个大家都较为认同的观点或做法，以帮助教师及时对自己的教学行为、教学改进过程进行总结，对自己实践中探索出来的有效行为、改进策略进行归纳，并通过案例、实录、论文的形式展现出来。这个过程是教师进行自我总结和提升的过程。

案例点击

某园在开展"如何组织高质量的音乐活动"这个主题教研时，通过现场观摩、学习、研讨，大家认识到组织一次成功的音乐活动，必须注意以下几方面的问题。

第一，活动必须紧紧围绕目标进行，目标制定要注意契合音乐活动的具体课型。每种课型的活动的进行都有自己的核心经验，如大班歌唱活动"山谷回音真好听"，就要突出怎样用自然好听的声音来演唱这首歌曲，注意回音部分的处理，还要注意音准等。

第二，教学方式灵活多样，具有趣味性，但形式必须为内容服务，要做到"形散而神不散"。比如，韵律活动"喜洋洋"中，不能一味地让幼儿游戏，要注意让幼儿在游戏中获得新的经验、新的体验，学会在有节奏地骑马的过程中感受喜悦。

第三，要突出活动性和幼儿的主体性，要提高幼儿运用已有的知识经验来解决问题的能力。

第四，要注意循序渐进。比如，打击乐活动"我是小海军"，我们不能太着急，不能在幼儿还不会打击时，就急忙换节奏型和乐器，要给予幼儿"扶梯"。鼓励幼儿先倾听、感受音乐的旋律和节奏，用一种乐器打击；当他们感受到打击的快乐和成功后，再鼓励他们发起新的挑战。

（案例来源：合肥市庐阳实验幼儿园教育集团）

第四节　幼儿园主题教研的专家引领

幼儿园主题教研中，专家团队适时的介入和指导，可以让教师吸纳专家系统、先进的教育理念和实践经验，重塑理论与实践间的关系，将理论更好地付诸实际的教育实践。专家的专业引领能够帮助幼儿园主题教研向深度发展，促进教师深度参与、深度学习，确保主题教研在实施过程中有序、稳步和高效地进行。专家引领主要有以下几种方式。

一、现场指导

现场的活动指导是最受教师欢迎，也是最有效的指导方式。专家通过与教师一起研读教材，倾听教师说课，观摩无生上课活动、集体教学活动或游戏活动等，面向现实情境，发现并遴选出关键性问题，揭示本质所在，在解决问题的真实、具体的框架中，帮助教师厘清思路，并通过一起讨论，达成共识。

案例点击

某园围绕"手工活动中如何进行示范和操作"开展教研活动，专家全程参与，

与教师一起观摩、研讨。最后，就展示活动，专家现场进行了点评。（图 3-7）

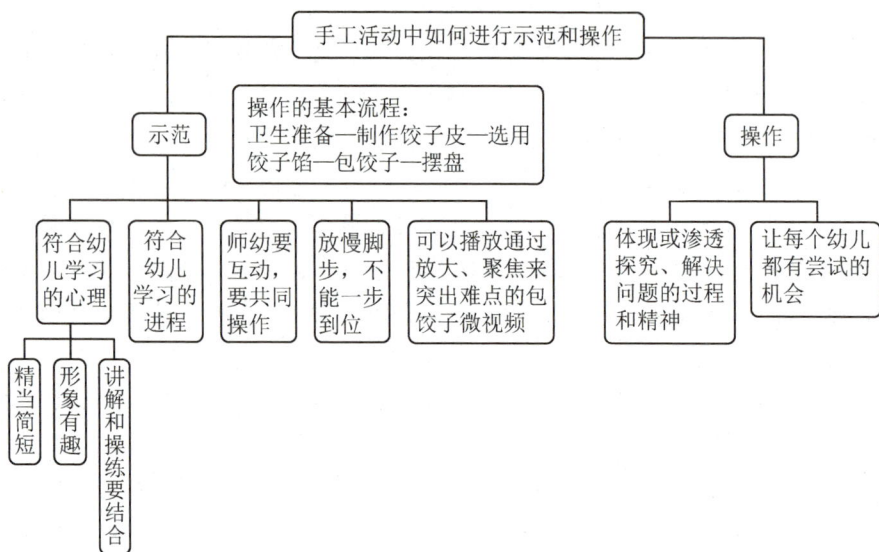

手工活动中如何进行示范和操作

示范

操作的基本流程：
卫生准备—制作饺子皮—选用
饺子馅—包饺子—摆盘

操作

符合幼儿学习的心理

符合幼儿学习的进程

师幼要互动，要共同操作

放慢脚步，不能一步到位

可以播放通过放大、聚焦来突出难点的包饺子微视频

体现或渗透探究、解决问题的过程和精神

让每个幼儿都有尝试的机会

精当简短

形象有趣

讲解和操练要结合

图 3-7　专家引领思维导图

本次活动的操作流程是卫生准备—制作饺子皮—选用饺子馅儿—包饺子—摆盘。动作技能包括四个方面：一个是饺子皮的制作，努力方向是圆而薄，需要摁压、推捏等；二是饺子馅儿的选用，努力方向是适量，太少了饺子太扁，太多了会露馅儿；三是包，努力方向是围合捏紧；四是摆盘，努力方向是美观并互不粘连。

在此次活动中，精准的示范是必要的，否则，部分幼儿的学习会停留在原有的经验水平上，导致无效教学。但示范时要讲究方法和策略。一是要符合幼儿学习的心理。此时幼儿拥有的多是制作的冲动，因此，对"要点"的说明要精当简短、形象有趣，讲解和操练要结合。二是要符合幼儿学习的进程。个体学习是从整体到局部的，先进行总体的、大概的学习（制作的关键步骤及重点动作），再进行局部的、细致的学习（例如，有的幼儿在尝试制作后才会注意到皮包不住馅儿的问题，进而通过观察学习、接受教师的指导、向同伴学习等方式，感知和体验到皮不能太厚，要摁薄、捏薄，或馅儿不能放太多等）。三是师幼要互动，要共同操作。教师不能自顾自地灌输。四是要放慢脚步，不能一步到位。这样既不符合幼儿的发展水平，也不符合幼儿的学习特点，更重要的是，没有真正落实目标中提到的"尝试"之要义。要允许幼儿失误。五是可以播放通过放大、聚焦来突出难点的包饺子微视频。这对吸引幼儿注意力、把握制作关键要点是有效果的。

另外，教师要注意，进行探究式学习应是引领幼儿五大领域的学习与发展均需秉持的教育理念。探究式学习不是科学领域的专利，是需要贯彻在幼儿一切学习中的。基于幼儿立场，它能够促进幼儿主动、自主地学习，能够发展幼儿的思维和解决问题的能力，蕴含幼儿可持续发展的儿童观和发展观；基于教育立场，是否进行探究式学习是启发与灌输的理念之别。

在活动中，一是环节设计和过程步骤上应体现或渗透探究问题、解决问题的过程和精神：获得初步经验—陈述行动计划—初步尝试制作—展示作品、发现问题和交流解决办法—再次尝试、验证经验。二是应该让每个幼儿都有尝试的机会。如果"制作的方法"不是幼儿探究的产物，而是成人事先准备好的，是幼儿在制作前需要知道的"知识"（制作要领、注意事项等是成人的经验总结，对幼儿来说就是间接经验）；那么，无论我们的手段和方式多么"委婉"，这种学习依然有着深深的"灌输"痕迹。这违背了幼儿的学习方式与特点：幼儿的学习是以掌握直接经验为主的，幼儿的学习方式是直接感知、实际操作、亲身体验。

专家结合实际的现场发言，让教师感受到了不一样的关注点、不一样的解读、不一样的思考和不一样的问题解决方法。从专家那里，教师获得了最直接、最具体、最原汁原味的教育观和方法论。

二、专题讲座

对于人才的培养和教师素质的提升而言，经常邀请专家为教师开展各种内容的讲座是不可忽视的培养和塑造手段。教师可以听到许多在本园中接触不到的事情，有机会获得专家、学者们潜心研究的成果，聆听他们的观点和见解，了解他们的学术人生。一场高质量的讲座，可能会让教师热血沸腾，激发出研究和实践的勇气和信心。这对于繁荣校园文化、活跃学术气氛、鼓励教师积极开展理论研究并增强学术功底，具有良好的促进作用。

幼儿园可以根据主题，有计划、有针对性地邀请专家做专题学术讲座。专家会广集百家之长，用科学的理论和实践经验来指导广大教师，使其拓展思维、开阔眼界、更新观念、改进实践、提升专业素养。

案例点击

某园为了积极落实教育部关于大力弘扬爱国主义教育，将中华优秀传统文化有机融入幼儿园的教育活动中的要求，特邀请了有关专家开展了题为"将中华优秀传统文化融入幼儿园的教育教学活动中"的讲座活动。在讲座后的座谈会上，许多教师都很激动。下面是部分教师的听后心得。

李老师："讲座非常具有指导性。专家帮我们梳理了关于中国传统花纹的内容，让我更进一步了解了中华优秀传统文化的概念和内涵，开阔了我的知识视野；同时，专家还进行了专业的指导，提出了许多切实可行的方法，这些方法能够帮助我养成良好的教育习惯。"

张老师："我觉得要经常邀请专家走进幼儿园，让我们有机会和专家进行零距离的接触，优化教师的知识结构，提升我们的综合素质。"

刘老师："我听了之后很激动。我觉得专家激发了我对中华优秀传统文化的研究兴趣。我会根据讲座中的一些案例，结合我班孩子的特点进行实践。"

曹老师："讲座太接地气了，不仅拓展了我的知识面，开阔了我的眼界，而且改变了我的思维方式。"

从他们的话语中，我们能够充分体会到好的专题讲座给教师带来的心灵激荡。每一场高品质的讲座，都有可能是教师人生中的一块新大陆。

三、答疑解惑

幼儿园可以收集整理教师的实际问题和困惑，通过线下面对面或线上网络电话等方式，让教师获得专家的帮助和指导，引发教师思考与辨析，不断建构和完善知识链条和系统。

在开展答疑解惑时，要注意把握几个要点，以提高活动的效果。

一是要先将需要专家解惑的问题进行梳理与归类，避免盲目慌乱。

二是要先组织教师深入研究，这样才能促使教师与专家进行有效对话，避免教师只是倾听而没有自己的见解。只有有对话的活动，才能促使疑问得到有质量的解决。

三是要抓住重点，有序地提问。不可能一次性解决所有的问题，应对问题进行有序的梳理、分析和解决。

四是要敬重专家，保持文明的倾听习惯。适时将自己的实践体会向专家汇报，从而获得适合自己的教育智慧。

四、共研课题

幼儿园可以邀约专家一起将专题提炼成具有研究价值的课题。借助专家的力量，幼儿园可以有效提高课题研究的质量。专家的介入，可以帮助教师进一步树立课题意识，将理论与实践进行有机的结合，发挥各自的优势，营造研究的氛围，提高研究的能力，形成良好的教研文化。

第五节　幼儿园主题教研的技术支持

发挥新媒体技术的作用是现代新型教学研究的新生态，数字技术新媒体方面的技能储备量和传播效应越来越受到广大教师的关注。观看的时间、观看的地点、观看的对象都是由自己决定的，这样自由自主的学习深受广大教师的欢迎。随着时代的发展，新媒体在幼儿园主题教研中的作用越来越得以彰显。

一、主题教研中新媒体运用的主要方式

(一)收集素材

信息时代为教师的主题教研提供了诸多的方便。一是可以帮助教师利用网络获得想要的相关知识和资料，广采他山之石为本园的主题教研服务，促进教师的专业发展。二是运用现代设备将教师和孩子们的活动实况进行实录，可以为主题教研提供真实的现场场景、相关的数据分析、图像对比等，有助于教师进行有针对性的反思。三是利用媒体，以统计报表、图像、微视频等方式进行教研总结，图文并茂，表现形式生动形象，能够产生一种真实感，提高分享的效果。例如，某园为提高教研质量，针对不同的教研内容，设计了不同的观察记录表。(表 3-2、表 3-3)

表 3-2　各种教学行为的时间分配

行为类型	时间/分	百分比/%
教师讲解		
师幼互动		
小组讨论		
幼儿探索		
非教学时间		
……		

表 3-3　教师如何引导幼儿思考

观察内容		环节一	环节二	……	环节 N
教师预设了哪些问题					
教师如何引导幼儿思考					
教师如何处理生成的问题	生成的问题				
	教师的处理方式				

85

将新媒体技术与观察记录表有机结合，既能培养教师有目的地观察的能力，又能在研讨中用数据分析存在的问题，帮助教师改进教学策略。

案例点击

某园发现有许多年轻的教师在组织孩子活动时，会习惯性地面向某一个方向。研讨时，其他教师提出了这个问题，上课的教师很是惊讶，说："不会吧，我觉得自己还是比较注意面向全体幼儿的。"这时，保教主任将拍摄的视频进行了回放。上课的教师发现，自己习惯性地面向右边，手势也是习惯性地往右边比画，目光总是停留在面前的几个孩子身上。回放时，大家明显发现一部分孩子兴趣较高，发言积极；另一部分孩子在活动进行不久后就分散了注意力。看到这段视频后，上课的教师对自己在活动中的习惯性行为有了更直观、更真实的认识，教研活动也变得更加具有针对性。

该案例中，幼儿园负责教研的保教主任将教学活动录制成视频，并在进行主题教研时回放，通过教育技术还原教学活动中的师幼互动，使得执教者能清晰地看到自己的课堂表现，能较为直接地发现自己的优点与不足。视频回放也能让参与研究的其他教师再次回顾观摩过程，比较准确地捕捉到问题所在。

(二)微格教研

教研管理者可以在活动前安排相关人员对集体教学活动或一日活动中的某个环节进行摄录。教研中，可以根据主题需要，将复杂的活动过程进行分解和简化，利用回放、聚焦、放大等功能，提取活动中的某一个重要环节或一日活动中的某一个部分，进行局部的"微"定格。针对一个个细微的关注点，教师可反复观看和分析，自我反思和互动对话，从而更加清晰地了解活动组织者的精神、态度，探讨具体的、更加优质的教学过程和方法，互相学习，思维碰撞，取长补短，达成共识，从而提高教学能力及课堂教学质量。

(三)云上教研

1. 聆听专家教诲

新媒体打破了时间和空间的限制。教师可以根据自己的需要直接通过网络等多种渠道，自由点击专家的报告并查看；还可以直接向专家请教，通过聊天软件与专家进行交流和对话。

2. 观看优秀案例

幼儿园可以借助新媒体技术，让教师通过网站等渠道，广采他山之石。观看一些特优教育名家的观摩课，领略大家的教育风采，并通过回放等手段，反复观看和揣摩名师的教育方法和其中的教育思想，通过模仿、借鉴和改进等，不断改善自己的教育实践。这样的方式不受时间和空间的限制，既能让教师身临其境，又享有充分的自由。

3. 参加线上研讨会

当遇到特殊情况或因人员多、距离远而导致线下教研不方便等情况时，可以通过多种软件等开展网上教研，如集体备课、案例研讨、问题答疑、计划研制、总结反思等。它可以促进多向交流，既让教师如临其境又自由自在，充分调动教师的参与积极性，促进教师深度思考、深度学习。

案例点击

某园围绕华东师范大学黄瑾教授"儿童早期数学学习的观察与评价"的主题讲座进行了线上的学习和研讨。

主持人：前期我们已经将黄教授的讲座视频发到了教师群里，相信老师们都认真阅读并学习了；刚才我们又集中看了一次，相信老师们都有了更深的理解。下面，请本次的领学者许老师跟大家谈谈自己的学习体会。

领学者：讲座中黄瑾教授从"利用开放式的游戏情境观察幼儿的数学学习"和"利用表现性评价深入解读幼儿的数学学习"两个方面进行了详细讲解。我觉得黄瑾教授讲解时主要围绕的是"观察"和"评价"这两个关键词。她还提醒我们要关注一个很重要的问题，就是为什么重要的文件中一再提出要"以游戏为基本活动"。黄教授在讲座中详细解读了以游戏为基本活动对幼儿和教师的重要性。我们在实践中会存在误区，如"游戏与学习（教学）的对立""自主性游戏与工具性游戏的对立""音乐情感体验与心理认知发展的对立"。教师要注重游戏中的自主性、内生性、潜在性、累积性和挑战性，利用表现性评价深入解读幼儿的数学学习。

主持人：下面请其他老师也谈谈自己的感受和体会。（图3-8）

研讨活动中，大家对讲座中的观点进行了积极的讨论，并分享了自己的学习心得。大家认为，教师在创设游戏时一定要从游戏的本质出发，不能为了游戏而游戏，要关注幼儿的需要。（图3-9）

主持人：本次的线上学习让我们对幼儿园"以游戏为基本活动"有了更多的认识和了解。通过学习，相信老师们会将所学、所感、所悟内化于心，并加以实践运用，从而提升自己的专业能力。

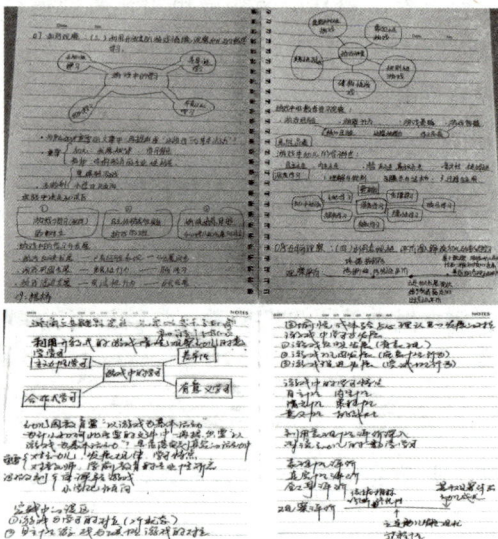

图 3-8　教师线上学习记录图示

图 3-9　教师线上交流学习心得截图

（案例来源：合肥市双岗幼儿园教育集团）

　　灵活、科学地运用现代媒体进行线上主题教研是当下促进教师专业发展的有效手段。该园十分注重营造线上教研的宽松氛围，充分发挥线上教研自由、自主、自在等优势。教师在参与过程中，能及时查询、充分酝酿、适时回应。

教师既感到舒适、自在，又能获得更多的信息，真正开启头脑风暴。

4. 参考网上信息资源

幼儿园可以围绕主题，根据教师个体的需要，有针对性地从公众号、微博、专题网站中为教师收集整理相关的网上信息资源，如教学实录、听课感想、教研实录等，然后分类归档，建立文件夹，方便教师随时查阅，提高其教育素养。

二、主题教研中新媒体运用的注意事项

运用新媒体技术时一定要注意适当、适度，要防止走进滥用、错用新媒体技术的误区，影响主题教研的实际效果。

(一)资源选择要恰当

网上资源虽然丰富，但好坏掺杂，需要教师进行筛检和甄别。一是选择正规的网站。从规范的网站上收集相关的信息资源，如选择优秀的案例供教师研讨、反思和借鉴；引用专家科学的教育理念来转变教师的观念，指导教师的教育实践。二是选择有效的资源。注意资源上传的时间和出处，保证资源的科学性和实效性，让教师获取最及时、最科学的专业指引。三是注意资源的整理和归纳。根据教研主题，有目的、有针对性地将信息资源进行归整，使之成为一个资源链，让教师在主题教研中获得较为系统、深入的感知和体验。

(二)使用要恰到好处

要充分发挥信息技术的价值。可借助新媒体技术的回放功能，带领教师重新回归现场、回顾现场、审视现场，不断研究、不断揣摩；可借助新媒体技术的放大、暂停、聚焦等功能，深度解读教师与幼儿的表达、表现、表情，倾听他们的心声，走进他们的内心；可借助新媒体技术的互动功能，有效实施远程教研、同步教研，讨论交流、答疑解惑；可借助新媒体技术的传播功能，展示主题教研的丰富过程，公布主题教研的相关成果等。

(三)避免走入误区

一是避免形式化，将教研活动中的翻阅书本变成点点鼠标，将照本宣科转为照屏宣科，淡化教研内容。二是避免过度使用，不管什么情况，都用媒体演示、群内留言或网络教研，淡化研究过程，淡化实际教学现场的灵动和鲜活，削弱现场教学研究的效果。

在主题教研的过程中，要防止滥用新媒体技术而分散教师的注意力，要根据教研的主题和目标以及参与对象的特点，通过活动设计，合理选择和运用多种新媒体手段，与传统的教研有机结合，形成合理的教研过程结构，达到最优的教研效果。

第六节　幼儿园主题教研的管理机制

开展主题教研的过程中，必须有科学的管理，否则无法保证工作的方向性和持久性。要建立和改善管理机制，以推进和保障主题教研的顺利、持续开展。

一、建立科学合理的管理机构

建立以园长为组长，业务园长为副组长，年龄组、教研组或专题组教师为成员的组织机构，确定园长（业务园长）领导、保教主任负责、教研组具体执行的分层管理阶梯，形成良性循环的管理网络。

（一）执行领导负责制

园长（业务园长）既是领导，也是参与者和支持者，要注意观察、了解教研组的研究情况和实际需求，准确把握主题教研的方向，支持和保障教研组开展相应的实践研讨，营造绿色生态的教研氛围，确保主题教研落到实处。

（二）成立教研组

教研组是幼儿园最基层的教研单位，是开展主题教研的主要阵地。教研组可以按照以下几种方法进行划分。

1. 行政调控式

第一，可以按照学科领域来划分。可分为健康教研组、语言教研组、社会教研组等，以各学科中的共性问题为主题展开研究。

第二，可以按照幼儿的年龄班来划分。可分为大班教研组、中班教研组、小班教研组，抓住各年龄段幼儿的突出特点来确定研究的主题。

第三，可以按照幼儿一日活动来划分。可分为生活活动教研组、集体教学活动教研组、游戏活动教研组等，围绕一日活动中的主要环节加以研究。

2. 自主组合式

第一，可以按照具体研究的主题来划分。可分为"×××主题教研组"，可确定一位主题负责人，教师可以自主报名加入，以具体的主题为抓手，围绕主题、凸显主题。

第二，可以依托某个"工作室"来成立教研组。一般由在某个方面有　定专长且有一定影响力的名师领衔，吸纳不同层次的年轻教师一起进行相关主题的研究。

第三，可以根据个人兴趣和需要自由组织。大家根据共同的问题随即组成一个研究小组，灵活机动却又相对稳定。

幼儿园也可以根据需要，将"行政调控式"和"自主组合式"有机结合，灵活有效地成立相关的研究小组，将主题教研落到实处。

(三)人员分工定位

1. 教研组长

(1)教研组长的工作职责

一是明确主题教研的指导思想；二是带领组员学习，收集教师共同关心的问题，确定研究的主题；三是带领组员共同制订教研计划；四是营造良好的教研氛围，组织组员按计划开展各项研究活动，保障主题教研的顺利、有序开展，促进研究目标的达成；五是及时反思、总结和汇报。

(2)教研组长应具备的基本能力

一是具有贯彻落实《幼儿园工作规程》《幼儿园教育指导纲要(试行)》《指南》等文件精神的能力；二是具有组织管理与专业引领能力；三是具有教研现场调控能力，对核心问题的捕捉和追问能力；四是具有教研结果的梳理、归因、分析，并依靠教研结果进行自我调整和提升的能力；五是具有经验的总结、概括和提炼能力。

2. 组员

组员的工作职责如下：一是树立"主动研"的意识；二是主动参与教研组的学习与各项活动；三是在活动中敢于质疑并及时表达；四是乐于将自己的教育思想和教育实践分享给同伴；五是自觉进行阶段性的经验梳理、提炼、分享。

二、制订相应的主题教研计划

幼儿园根据不同时期的不同状况成立了教研组之后，就要根据确定的研究主题，拟订研究计划，以端正教研的方向，明确教研的目的和目标，明晰教研的具体思路，扎实教研的过程，保障教研的顺利推进，提高目标的达成度。主题教研的计划主要包括以下内容。

一是教研的主题。包括主题确定的缘由和研究的基础。二是主题教研的主要目标。确定的目标要清晰明了，既要符合本园的实际，锁定教师的最近发展区，又要符合教育发展的取向，能够促进教师的专业发展。三是主题教研的主要内容。要围绕研究的目标，对教研内容进行分解，使其能够支撑目标的达成；要根据教师的发展现状，有针对性地注意内容之间的关联性和连续性。四是具体活动安排。包括人员安排、时间安排、内容安排、效度检验、反思调整、成果资料上传网站等。五是预期研究成果的提炼。六是资料的整理、筛检和归档。

三、检查主题教研计划的落实

主题教研的计划制订了以后，要将计划有序地落实到位。在落实过程中，幼儿园的园长和业务园长要及时检查、了解落实情况，及时肯定好的做法，总结经验；及时发现不足，寻找具体的原因并及时予以调整；及时组织经验交流会，总结和巩固教研成果。

四、完善主题教研的制度

完善的教研制度是主题教研顺利进行的保证，幼儿园必须根据实际需要，制定有针对性的相关制度，发挥优秀组员的示范作用，使教师获得成功的体验，激发教师投入教研工作的热情和积极性。主要包括以下制度。

一是教研组学习制度。每周或隔周进行一次学习，学习内容包括跟主题相关的理论或实践经验等。

二是专家专业引领制度。每学期开展一次以上专家（或本土专家）讲座活动，帮助教师夯实理论基础，改进教学实践，丰富实践经验。

三是交流分享制度。比如，根据需要适时为教师搭建展示的平台；每周进行一次案例研究等同伴互助交流活动；每学期举办读书沙龙、教育活动展示、教育故事分享、教师讲坛等活动。

四是集中备课制度。

五是定期培训制度。结合教师的专业发展，有计划地安排教师参加有针对性的培训。

六是开放日制度。

七是课题申报制度。提高教师对问题的敏感性，从小处入手，将有价值的问题课题化，树立"研"的意识，促使研究更加严谨和规范。

八是后勤保障制度。

九是考核、评选和奖励制度。鼓励、支持、激励和引导教师进行规范的教育研究。

十是宣传推广制度。

📚 案例点击

某幼儿园为了扎实推进园内主题教研的开展，制定了教研组学习制度、专家引领制度、交流分享制度、定期培训制度等十项制度。

该园充分认识到主题教研制度建设对于促进教师专业发展、提高保教质量的重要作用，从各项制度的制定和落实入手，加强主题教研的管理，着力提升园所的教研品质。该园根据本园实际制定了一系列主题教研的制度，对推动该园主题教研的有序开展，提高主题教研的质量，提高教师的整体素质，提高办园品质起到了十分重要的作用。

可扫描二维码，阅读案例 3-2"某幼儿园主题教研十项制度"。

案例 3-2

某幼儿园主题
教研十项制度

第四章　幼儿园主题教研的总结

主题教研总结是对一个阶段的主题教研工作进行全面、系统的回顾和分析，通过理性的思考，得出有指导意义的结论。它既是主题教研实践的产物，又是教研参与者不断思索的结果。

第一节　幼儿园主题教研的过程性反思

及时的反思是开展主题教研的重要环节。只有不断地进行有质量的反思，才能使主题教研落地生根，真正促进教师的专业化发展。

一、主题教研过程性反思的内涵

主题教研的过程性反思，是管理者和参与者以所组织的主题教研活动为思考对象，对教研过程以及产生的结果进行审视和分析的过程。

从本质上看，主题教研过程性反思是一种理论与实践的对话，是这两者相互沟通的桥梁。因此，它不是简单的"回顾"，是反省、思考、探索和解决主题教研过程中存在的问题的过程，具有研究性质，是主题教研基本的动力和重要的形式。通过过程性反思，管理者和参与者能去粗取精，将原始的基础性的经验加以提炼和升华。

二、主题教研过程性反思的主要内容

(一)针对主题教研的方案、实施和结果进行反思

可以根据一个学期或某个阶段的教研过程，判断计划是否能够有序执行，主题是否真实可行，方案的设计是否切合实际，过程是否能够有序推动，目标是否能够顺利达成。发现不好的做法，思考其中的缘由，探讨解决的办法。这是总结经验教训、提高教研质量的重要途径。

案例点击

某园在开展了一段时间的关于"水墨画的教学尝试"的主题教研后，组织者发现教师、孩子的兴趣与自己想象的相差甚远。教研会上，组织者反思道："这段时间，我发现教师的参与积极性不是很高，能够组织孩子开展水墨画活动的教师不多，班级里孩子的活动兴趣也不是很高，效果也不理想。之前，我

参加了一个研讨会，听了一位园长的经验交流，感觉这个主题挺有意思的，就带领大家来研究了。我应该反思，这个主题目前不适合我们。我们应该研究大家都感兴趣的、符合我们发展现状的问题，不能一味地赶潮流、图新鲜。所推荐的主题，要经过大家的筛检和提炼，这样的主题才有生命力。"

从这个案例中，我们可以深切感受到，主题的选定对于教研的效果，对于促进园所的发展起到了十分重要的作用。主题确定得恰当，能够切实解决教师当前的实际问题，会对激发教师的教研热情，激发教师的专业自觉，提高教师的专业自强，建立园所教研文化起到积极的推动作用；反之，会让教师感到教研因无趣而乏味，因无实而无用，对建立园所教研文化起到反作用。

(二)针对教研过程中的具体事件进行反思

这里所说的对具体事件的反思，指的是对主题教研中某种状况和结果进行分析反思，对教研过程中的有效行为、改进策略进行归纳，通过案例、实录、论文的形式进行自我总结和提升。

对具体事件的反思与分析，可以使我们深入了解教师和孩子们的真实需求，激发教师成为学者型、反思型教师。在反思的过程中，无论是组织者还是参与者，都要超越传统的功利思想，不断获得理性上的思考和情感上的愉悦，提升思维品质，让反思的过程不仅成为内省的过程，更成为内"醒"的过程，达到自我唤醒、自我发力。

案例点击

某园大班某学期围绕主题教研
"如何培养大班幼儿良好的学习习惯"开展的教研活动(片段)

保教主任一边把原来的教研目标呈现在大屏幕上一边说："我们的主题教研已经进行了将近一个月了。随着《指南》的颁布，不少老师通过学习《指南》发现，我们最初确定的目标似乎与《指南》的契合度不够高。我们先来看看原来的目标。"(表 4-1)

表 4-1　原拟定的主题教研目标

序号	主题教研的目标
1	怎样帮助幼儿养成良好的学习习惯？
2	引导家长不要揠苗助长，避免小学化倾向

"我感觉原来的目标比较空洞。现在《指南》正式颁布，大家对照《指南》讨

论一下，看看我们该如何调整目标、完善目标。"

王老师："当时制定目标时，《指南》还没有颁布，所以，我们对学习品质的理解不够全面。这很正常。许多专家在解读《指南》时都指出，学习品质包括学习态度、学习习惯和学习方法。学习习惯是影响学习品质的重要因素之一，我们的主题没有错，就是在贯彻《指南》的精神。"

钱老师："是的。我们的方向是对的，就是不够全面和准确。学习习惯是指个人面对类似的学习情境或任务，经常性地表现出类似的行为。它直接影响人的学习素养与学习能力，是学习品质的重要元素。我觉得我们可以通过多种渠道了解孩子现有的学习习惯，然后再有的放矢地进行培养。"

保教主任："您的意思是不是我们可以通过现场观察、摄像等研究方式，了解大班幼儿在各项活动中表现出的学习习惯，如听、说、想象、坚持等方面的习惯，分析原因，寻找影响学习习惯养成的各种因素，为我们方法策略的形成与构建提供事实基础？"

钱老师："是的。您概括得很全面。我们可以通过对班级整个群体以及每个孩子的研究，了解孩子在具体学习活动中表现出来的学习习惯。"

刘老师："我觉得不能仅仅在集体教学中展开研究，生活活动更是习惯养成的关键所在。"

陈老师："我同意。日常活动中最能体现出孩子主动性、坚持性和专注度等方面的情况。"

刘老师："还有家长的因素也要考虑。我们要注意家园合作，共同培养孩子良好的学习品质。"

保教主任："刚才老师们说了很多，我根据大家的想法进行了梳理，请各位看看。请各位用手机将表格拍下来，回去认真思考。大家可以随时跟我交流，下周我们再继续研讨。"（表4-2）

表4-2 研讨中形成的主题教研目标

序号	主题教研的目标（现草拟）
1	掌握学习习惯的概念与内涵；领会大班幼儿良好学习习惯养成的意义
2	通过多种途径，了解幼儿的现状，抓住注意、观察、想象等学习习惯的关键性行为倾向，寻找影响学习习惯养成的积极因素，控制或减少消极因素，为有效培养提供第一手资料
3	聚焦一日活动，在各项活动中渗透，寻求适宜的养成方法
4	分享交流，梳理提炼出具体的养成策略

（案例来源：合肥市双岗幼儿园教育集团）

(三)针对师幼的成长状态进行反思

教研是为促进教师的专业成长和幼儿的发展服务的。要结合教研过程中师幼的发展状态来衡量教研的价值，思考选题的必要性和过程的有效性，特别是在整个主题教研的过程中，教师在专业上、综合素养上有哪些具体的提高和改善，通过教师教育方式、途径和习惯的改进，幼儿获得了哪些经验、满足了哪些情感、获得了哪些成功的体验。

案例点击

某园在开展"大班幼儿角色游戏的组织与指导"的主题教研时，教研组长和骨干教师针对主题教研中教师和幼儿的发展，进行了认真的反思。(表4-3)

表4-3 反思记录表

反思人	反思的内容
教研组长	此阶段，我们围绕大班表演游戏"江淮大戏院"，进行了一系列体验式教研和跟进式教研。就绘本《鹅大哥出门》，我们立足文本，就故事情节的挖掘、角色的再次理解等进行了一次又一次的体验；站在儿童的立场，从儿童的角度出发，进行了一点一点的剖析和研究。比如，平时在讲鹅大哥出门时，教师都习惯以女孩的声音来模仿；今天，通过体验和文本解读，很多孩子尝试用男孩的声音来诠释鹅大哥的角色特点，如"瞧我多帅！瞧我多神气！"，使鹅大哥的形象更加符合作品风格
骨干教师甲	我感觉现在的教研是看得见和摸得着的，操作性很强，比较切合实际，能够不断唤醒我们的教育经验和生活经验，而不是从文本到文本。我看到几位老师对角色语言的处理，比我们平时习惯性的语言处理效果要好很多，更符合鹅大哥的形象特征
教研组长	老师们在教研中都自然地从前期的经验中获取灵感，来指导下一次的教研，不断跟进，连环摸索，从而逐渐形成经验链。下一次，我们大家一起体验搭建自己喜欢的"江淮大戏院"，看看大家会有什么新体验
骨干教师乙	今后我们要经常性地开展这样的教研活动，让教研有质量，让教师和孩子的成长看得见
教研组长	说得好。我很年轻，很多老师也很年轻。希望各位骨干教师能够支持我们，让主题教研的质量越来越高

(案例来源：合肥市长江路幼儿园教育集团)

(四)针对教研中教师呈现的状态和水平进行反思

主题教研的开展，目的是促进师幼的成长，推动园所的发展。结合本园的实际，通过教师或者团队的案例再现，解析教师的参与状态以及所呈现的研究水平。这能够有效地唤醒参与者的教研意识，挖掘参与者的教研潜质，促进园所教研文化的形成与改变。

📚 案例点击

某园针对部分老教师评职称后的懈怠现象，组织了一次"我的研究生涯"小型主题研讨会。

会上，园长先做了自我反思，表示今后要努力改变教研方式，调整教研激励制度，然后讲述并介绍了几位老教师曾经的教育故事和成果。

随即，请各位老教师畅谈自己的感受。几位老教师深受感染，对园长的领导智慧和良苦用心表示感动和理解，对自己的停滞不前和消极懈怠表示自责，特别是对自己可能给青年教师造成的不良影响表示歉意。

园长充分肯定了老教师对园所发展付出的辛勤劳动，也明确提出了内心的期许，鼓励老教师做好榜样，引领和带动青年教师深入教学一线，做研究型、专家型的教师。

三、主题教研过程性反思的几个阶段

按照主题教研的活动进程，对主题教研的反思可以在教研前、教研中以及教研后的不同时间节点进行。

教研前的反思具有一定的前瞻性和预测性。组织者或参与者对上一次、前一个阶段或者相关的教研活动进行反省和分析，从而对本次的教研进行更为合理、科学的打算，以避免出现同样的误差或错误，提高主题教研的效果。

教研中的反思具有一定的及时性和自发性。在具体教研过程中，组织者或参与者面对现实中的人和事，会产生一种自觉的反应意识和职业敏感，从而及时调整教研的节奏和环节，有效避免无效或者低效的教研活动。这是组织者或参与者自我反省和自我监控，并积极地加以改进、尝试和探索的过程，也是其对理想教研状态的敏锐感知力的体现。通过及时监控、及时察觉和及时思考，及时调控和应变能力能够得以提高。

教研后的反思具有一定的概括性和评价性。组织者或参与者围绕某个具体的内容对一次或者一个阶段以来主题教研的综合性、概括性和批判性进行反思和评判。目的是引发思考，努力实现理论与实践的融合，将教研经验理论化，承上启下，指导下一步的教研活动有效、高质地开展。

在一次主题教研研讨会前，组织者进行了如下反思。

"我是一位年轻的教研组长，在组织教研活动方面没有多少经验。上次的教研活动中就有很多的问题。我们研讨的问题是'如何设计我园吉祥物'，让我园的吉祥物渗透正确的教育理念。但是，大家说着说着就偏离了主题，我只知道一味地听大家说，却不知道提醒大家要聚焦所要研讨的话题。研讨的时间不短，大家也说了很多，但是在梳理时，却发现研讨结果七零八落、零零散散。这次我会注意及时提醒大家。"

在研讨的过程中，教研组长根据现场情况，三次通过现场自我反思及时调整了教研的进程，改变了教研环境。

"各位老师，我们本次的教研主题是研究设计蕴含教育理念的吉祥物标志。研究的起源和归宿都关系到本园的教师和孩子，本次研究是关系到我园园所文化建设的大事。请各位紧紧围绕主题，不能光想着形象怎么好看，所起的吉祥物的名字要体现正确的儿童观和教育观。下面请各位接着讨论如何给吉祥物起名字。"

教研结束后，教研组长在自己的笔记本上写下了这样的话。

"此次教研教师积极参与，活动效果也比较明显，有十多位老师都能围绕主题，就吉祥物的形象、名字进行热烈的讨论。但是就组织者来说，我需要做出进一步的反思。

一是我过于注重认真倾听，把老师们的发言内容都认真地记录了下来，但是没有及时回应，没有及时接住'抛过来的球'。

二是我的教研准备工作做得还不够充分。虽然自己有一定的美术功底，但是吉祥物的设计与绘画不同，需要有科学合理的设计理念，需要包含幼儿园的办园底蕴和文化传承。

三是自己的组织能力还有待提高。要注意调动教师的参与积极性，要及时提醒教师聚焦研讨的问题，抓住核心，防止偏离主题。

四是理论水平要进一步提高，语言表达能力和概括能力也要进一步提高。

五是吉祥物最后还没有定夺下来。我觉得要邀请专业人员一起讨论，从而设计出一套既能传承我园文化又蕴含科学教育理念的吉祥物。"

（案例来源：合肥市长江路幼儿园教育集团）

案例中的教研组织者根据教研的开展情况进行了不同阶段的反思，这对于更有效地聚焦问题，调动教师们的参与积极性，凝聚教师们的智慧，提高园所吉祥物的设计质量有着十分重要的作用。

第二节　幼儿园主题教研的阶段小结

在主题教研开展过程中，"计划—实践—阶段小结—再设计—再实践—再总结"是一个行进的循环圈。其中，阶段小结是这个循环圈中的重要一环，既是上一阶段教研的终结，更是下一阶段教研的开端。组织者或参与者在反思的基础上，对本阶段教研情况进行概述，对前面的尝试进行剖析，既可以使前面取得的经验在理论上得到升华，也利于下一步教研及时发现问题，预设解决措施。阶段小结主要包括以下内容。

一、概况和过程

主题教研的目的和内容，主题教研的有利条件和不利条件，以及研究的环境和基础性分析等；教研的过程以及目标的达成情况，教师和幼儿在主题教研过程中发生的变化和获得的成长。

二、经验和教训

每一个主题教研都由不同的阶段组成，每一个阶段都会有一些值得思考的经验和教训。对获得的成绩，如已初步形成的经验和出现的教训进行分析、研究、概括和集中，使零星、肤浅和表面的感性认识上升到全面、系统和本质的理性认识上来，寻找出事物发展的规律，从而掌握并运用这些规律，并将其上升到理论的高度。同时，要找出过程中的缺点和不足。找到问题主要出现在哪些方面，对问题和困难有清醒的认识和深刻的分析，陈述清楚问题产生的原因，找到解决困难的方法，促进每一位参与者的专业发展。

三、展望和打算

根据今后的研究任务和要求，吸取前一阶段教研的经验和教训，明确下一步努力的方向，少走弯路，少犯错误，提出改进措施，提高教研效果等。比如，有的教研主题可能比较宽泛，涉及教育实践的面比较广，这就需要组织教师对主题进行分解、整理、归纳、提炼、筛选，将一个教研主题分解为若干个小主题，使之形成一个主题网络。

案例点击

某园在进行"如何合理地设计和使用区域游戏观察记录"主题教研一个时期

后，进行了阶段性的小结。根据主题的整个研究目标，幼儿园立足于反思，针对本阶段关于区域游戏观察记录方面的问题，运用表格、图片和文字等方式，记载了本阶段经历着的"学习之旅""模仿之旅""探究之旅""突破之旅""回归之旅"等艰辛而美丽的研究之旅。

在记录中，幼儿园努力将教师们在"研究之旅"中的一些零星、松散的感性认识进行汇总、罗列，寻找一些具有规律性和普遍性的经验，整理成有价值的资料，进行理性的思考；同时，对本阶段的目标达成情况进行回望和检验，聚焦幼儿，收集、整理和记录幼儿个性化活动过程的资料，观察并记录教师和幼儿在本阶段主题教研过程中发生的变化和获得的成长，不断改进方法和策略，以促进师幼更好地发展。

案例 4-1

我们的观察之旅——
区域游戏观察记录生成记

可扫描二维码，阅读案例 4-1"我们的观察之旅——区域游戏观察记录生成记"。

第三节　幼儿园主题教研的整体总结

主题教研的整体总结是指在一定教育理论指导下，围绕教研主题，针对教研内容、教研方法和思路、教研过程（包括遇到的问题、解决的方法、经验收获、反思教训等）、目标的达成情况、取得的成果等，进行全面的综合整理和归纳提炼。重点要展现教研过程中，教师们对问题的分析，通过多种形式的实践验证，凝练成的与"旧"不同、与"众"不同的具有一定创新性和实用价值的认识与思考，或者解决问题的成熟的思路、方法、措施或策略等。

一、主题教研整体总结的作用

一个教研主题的研究工作按计划完成之后，我们需要对整个过程及其结果进行整理、分析和总结，并用文字记载下来，形成研究的书面材料。这种对教研成果进行文字加工的过程，也是经验的提炼与表达的过程。

主题教研的整体总结既是一个主题教研的终结，又是一个"再次研究"的过程。其作用具体表现在三个"有助于"上。一是有助于准确地把握研究经验的精髓，让研究的过程和结果得到全面关注与系统整理，形成高水平、有特色的认识；二是有助于研究过程的系统管理和资源整合，从而固化教研智慧；三是有助于提高研究者的专业理论水平，让彼此的思考更加理性、对问题的认识更加全面，让研究的思路更加清晰，让教研的成效更加完善。

二、主题教研整体总结的主要特点

(一)全面性

主题教研即将结束，教研团队需要在符合教育教学规律的基础上，围绕教研的目标，针对教研过程中的具体做法、方法、策略、经验、教训、成效等进行全面的回顾、评价和总结。对于好的经验要总结，对于受到的教训也要总结，这对今后主题教研的组织和实施有很好的现实意义。

(二)客观性

实践是检验真理的唯一标准。主题教研的整体总结要尊重客观事实，所列举的事例和数据等都必须是真实可靠、准确无误的，不能夸大成绩、缩小失误或教训，不能简单地把别人的经验变成自己的经验，不能随意杜撰、歪曲事实，否则就失去了总结的价值。

(三)指导性

在进行总结时，要避免流水账，对获取的大量第一手资料进行认真的筛检、有重点的总结。展现的教研过程、呈现的案例、表达的观点、形成的经验等要有一定的创新性，具有先进性和前瞻性。要在教育实践中发现和归纳具有规律性的新经验，总结出符合幼儿年龄特点的教育规律，从而帮助教师们更好地掌握和运用，体现其应用的潜力和推广的价值。

三、主题教研整体总结的操作步骤

(一)教研过程的回顾

通过对整个主题教研的完整回顾，教师们能够对整个主题教研的背景、过程和成果等有一个更为全面和清晰的认识。

(二)材料的收集和整理

材料是构成总结的最基本的要素，材料是在资料的基础上经筛选而成的。在撰写总结前，要将教研组和教师个体一路走来积累的第一手原始资料进行进一步的汇总、分类和筛检，使之成为撰写总结时的有用材料；为所选用的材料分别贴上相应的标签，需要时可方便提取。

材料收集和整理时应注意的事项如下。

一是要注意优劣取舍。不是所有的原始资料都可成为总结时的有用材料，需要根据教研主题的需要，进行适当的取舍。留取与所要表达的中心关系密切的、能突出主题的、能有力支撑主题研究目标达成的有效材料，避免牵强附会、画蛇添足。

二是要注意真实可靠。只有真实可靠的材料才具有说服力，依据这样的材料得出的结论才是真实可用的。所以，要认真评判材料的真实程度，要从真实的学习和实践中获取，不能想当然，更不能东挪西借、道听途说。

三是要注意具体全面。要关注具体的系列案例，对一些新出现的典型个案材料产生敏感性，并认真加以分析，在司空见惯的众多材料中发掘线索，从中找寻蕴含的普遍性的规律。同时，要注意材料的全面性，以确保总结的完整性和全面性。

四是要注意相互关系。心中有章法，围绕主题有针对性地筛检。避免材料的零散化和碎片化、材料之间的割裂化，使材料链条具备整体性。

(三)初步框架的拟定

为了避免总结撰写时的随意性和零散性，我们需要拟定基本的框架，对所要呈现的主要研究方法和措施、主要研究成果等，进行有针对性、有重点的精心选择和组合。

(四)经验的概括和提炼

这一环节是幼儿园主题教研总结阶段中的重要环节，是决定主题教研总结质量的关键所在，也是这份总结的价值所在。主题教研的经验提炼是一个再教研的过程，主要的方法是梳理归纳、浓缩提纯和提纲挈领，所呈现的经验大多是实践性的经验和做法。可以从以下几个方面着手进行。

第一，将主题研究过程中的方法、路径和策略等加以归纳，形成可物化的成品，如经济实用的新教具、新学具等。

案例点击

某园在围绕主题"园所文化建设之吉祥物设计"的教研过程中，就教研成果——吉祥物的设计以及生产制作进行了认真的提炼。

一、选定原型

集团总园长在教研组会上说："'兔'是一个美好的字眼，寄托了人们美好的希望，具有善、美、祥和的寓意。在我们园，可爱的小白兔的形象总是出现在大门、游戏区等显著位置，象征着单纯、善良、活泼、快乐的小朋友们，集团徽标的主要元素也是一只奔跑的兔子。我们是否还以兔子为吉祥物的原型，并在此基础上进行创新设计，注入教育理念?"教师们一致同意。

二、设计初稿

吉祥物设计初期，我园美术教研组的教师们参与了初稿设计。其中，于老师和陆老师更是全程参与，与设计师密切沟通。"这是刚收到的吉祥物的设计稿，有什么修改意见?"王园长发起了讨论。教师们纷纷参与，发表自己的看法："是否可以加入一些传统文化元素？还可以设计几只造型不同的兔子，分别代表不同的教育元素，如文明、健康、聪明等。"

三、商议细节

为进一步塑造小白兔的形象，让小白兔更加深入童心、更具亲和力，成为孩子们童年里的亲密伙伴，并彰显"尊重儿童本位，回归教育本真"的教育理念，我们在选定原型的基础上努力思考如何让这个原型有别于其他，从名称、动作、服饰等方面去寻求创意，如"'文明兔'吐舌头的模样不太合适""'聪明兔'可以手拿一把胡萝卜的钥匙，寓意开启智慧的大门""我建议启用'健康兔'的名字"。

四、最终定稿

经过一次次的商议和修改，我们最终确定了将"健康兔""爱心兔""勤奋兔""开心兔"作为集团吉祥物形象(图 4-1)，并在教师们的提议下，对吉祥物的颜色、材质等方面进行了细致的商议。"每一只小兔身上都可以印上幼儿园的园标；颜色再柔和一些就更好了；一定要用手感柔软的面料制作，摸起来让人有爱不释手的感觉；吉祥物的衣服要便于穿脱，这一过程既能够锻炼幼儿的自理能力，又能够帮助幼儿养成自我管理的意识。"

就这样，吉祥物的形象在一次次研讨中基本定稿，四只小白兔代表了我们对孩子们的良好期盼，希望他们健康、开心、勤奋、有爱心，在德、智、体、美、劳方面协调发展。同时，四只不同造型的小白兔也寓意了幼儿园教育集团一园四址"和而不同"。希望这些可爱的吉祥物伴随着孩子们一起快乐成长，见证幼儿园高位、优质、特色发展！

爱心兔　　　勤奋兔　　　开心兔　　　健康兔

图 4-1　吉祥物形象图

(案例来源：合肥市长江路幼儿园教育集团)

第二，将主题教研过程中达成的思想、理念和目标等，提炼或转化为具体形象的图案、数字等符号，成为看得见的经验。

案例点击

　　某园开展了小主题"如何为歌曲设计图谱"的研讨。《快乐的小兔》由无歌词歌曲《忐忑》改编而来，描绘出了一群小兔子一起外出游玩、一起拔萝卜的快乐场面。教师们经过两个多月反反复复的设计、推敲、验证和研讨，最后达成了共识，制作了较为合理的图谱。此图谱在全国幼儿园音乐教育观摩研讨会上，得到了诸多著名幼教专家和同人的一致赞誉。（图4-2）

图4-2　《快乐的小兔》图谱

（案例来源：合肥林旭幼育幼儿园）

　　第三，将主题教研过程中的具体步骤和做法等进行梳理和归纳，对发现的现象和规律进行归纳提炼，通过去伪存真、去粗取精、去枝留干，使其浓缩为关键词、短语或句子等，彰显一定的可迁移、可推广的价值。

某幼教联盟两所幼儿园的大班组在联合进行了"大班幼儿良好行为习惯养成策略"的主题研讨后，提取了"6＋2策略"，即"注重六个相结合、坚持两个相一致"的策略，在全区研讨会上得到了专家和同行的认可。

"六个相结合策略"是指善始与善终相结合、班风和家风相结合、育人与育己相结合、生活与游戏相结合、递增法与递减法相结合、朗诵与表演相结合。"两个相一致策略"是指坚持各层面的要求相一致、坚持各项要求和行为相一致。

（案例来源：合肥市双岗幼儿园教育集团和合肥林旭幼育幼儿园）

(五)整体总结的撰写和完善

整体总结的撰写过程是一个不断修正、不断完善的过程。其间，要广泛听取团队成员的意见和建议，就文中涉及的概念的理解、理念的把握进行认真的核验，对案例、数据和经验的准确性进行反复的讨论。撰写的文本要体现出以下特点：主题教研的问题真实、有意义；研究的方法适当，符合本园教师和幼儿的实际；对所论证的问题分析严密，陈述的事例依据充分，得出的结论合理可信并取得了突破性进展；观念明确，引证规范，论述完整，逻辑严密，数据可靠。教师要通过不断改进，努力使总结更全面、更科学、更有价值。

(六)附件的选择和提供

有的主题教研总结后面会附上一些证明性质的附件材料，如以图表方式呈现出的教师发表的论文等成果、典型案例的视频、调查报告、新学具图片等，以佐证总结的真实性，彰显主题教研的价值性。

比如，某幼儿园在"怎样让小班社会活动更有趣"的主题教研总结中，将研究过程中产生的具有代表性的现场活动方案作为佐证材料放在附件中，使得总结的实践意义具体化。

案例点击

某园以小班社会活动"快乐的抱抱"为例，以视频和文字实录的方式，详细记录了授课教师在组织小班幼儿社会活动时运用的策略和智慧。比如，教师根据小班幼儿爱模仿、爱游戏的年龄特征，先通过音乐游戏"碰一碰"，让幼儿在碰膝盖、碰肚子等身体的接触中，逐渐亲近同伴。接着，在故事回顾中，幼儿通过模仿大熊和朋友拥抱的几种方式，感受到与同伴拥抱带给自己的情绪体验。最后，每位幼儿扮演一只小老鼠，在游戏"猫捉老鼠"中，通过"悄悄地出来找东西吃—听到猫叫就躲到家里来—与找不到家的幼儿拥抱在一起，共享一个家"等一系列活动，充分体验与同伴拥抱的快乐。

（案例来源：合肥市宿州路幼儿园教育集团）

该案例以视频与文字实录相结合的方式，详细记录了小班社会活动的整个过程。我们从中可以感受到幼儿园教师对社会领域活动组织策略的把握。文字实录中的环节评析，也使读者对现场师幼互动的深层价值有了更加明晰的了解。

可扫描二维码，阅读案例 4-2"小班社会活动'快乐的抱抱'文字实录"。

案例 4-2

小班社会活动"快乐的抱抱"文字实录

第四节　幼儿园主题教研的总结方式

主题教研的总结方式主要讨论的是主题教研总结的类型、主题教研总结的撰写方式、主题教研总结的呈现方式等。

一、主题教研总结的类型

主题教研总结可划分出不同的类型。

按时间来分，主要有年度总结、季度总结、月度总结等。

按实施进展（完成情况）来分，主要有阶段性小结和最终的整体性总结等。

按对象来分，主要有区域总结、园级总结、教研组总结、个人总结等。

按性质来分，主要有专题总结和全面总结等。

按内容来分，主要有学习总结、分享与交流总结、管理总结等。

案例点击

某园语言教研组在开展"如何提高幼儿对图画书的理解和表现能力"主题教研系列活动后，对教研活动进行了整体性总结。该总结从主题的提出背景，主题教研的具体目标、内容与方法，主题教研的过程以及主题教研的主要成果等方面做了整体的梳理和回顾，形成了较为完整的总结。

我们从总结中可以看出园所紧紧围绕着主题教研的目的，根据幼儿的年龄特点及兴趣需要，积极创设了适合幼儿阅读和表现的立体环境，有步骤地展开了一系列的教研活动，从中总结、提炼出了具体的指导方法，促进了教师的专业发展，提高了幼儿对图画书的理解和表现能力。总结体例完整，表述得当，脉络清晰，过程详尽，体现出该园的教研具有鲜明的主题性、针对性和实用性。

可扫描二维码，阅读案例 4-3"某园语言教研组'如何提高幼儿对图画书的理解和表现能力'主题教研的整体性总结（节选）"。

案例 4-3

某园语言教研组"如何提高幼儿对图画书的理解和表现能力"主题教研的整体性总结（节选）

二、主题教研总结的撰写方式和呈现方式

不同类型的主题教研总结在撰写方式和呈现方式上会各有侧重。

（一）总结的撰写方式

1. 综合描述式

综合描述式是教研团队或个人对某个主题（项目）的研究情况进行全面的回顾和检查，对主题确定的意义和价值、教研的思路、过程中的重要环节与步骤、作用以及所体现出的教育原则、规律、理论支撑、实践经验及教训等进行完整的描述。描述时要注意不能只将过程和案例进行简单的罗列和堆砌，要注意围绕主题，将零星琐碎的"小经验"和"小感想"进行"有机串联"，找出其中的关联性，使之成为经验链。

案例点击

某园就大课间运动开展了跟进式、螺旋上升式主题教研，活动结束后进行了完整的总结。在"总体概况"部分，就"关注研究过程"介绍了教研园本化活动，如利用教师沙龙、实地观摩等形式，解决大课间运动中幼儿自主选择器械、自主设定游戏玩法等方面的问题；就"关注幼儿需求"介绍了教研接地气情况，如利用漂流书解决理论学习问题，根据幼儿的需要设置情境进行反思与实践调整，利用同伴互助解决青年教师存在的真实困惑等；就"把握研究进程"介绍了内容的循序化，如第一阶段解决场地创设与情境游戏渗透的问题，第二阶段解决情境游戏与自主游戏的融合问题等。在"主要进程和收获"部分，就场地划分提出了规划时间、轮流使用、材料分类摆放等策略；对室内运动、混龄游戏等提出了很多独到的见解。

该总结综合了教师们在大课间运动主题教研过程中做出的积极探索。通过解放思想，让幼儿自主选择，自主尝试摆放、组合、运用各种体育器械，发展动作等各方面的能力，使幼儿爱运动、会运动，养成坚强、勇敢的意志品质。

该总结突出综合，特色鲜明，过程清楚，形式多样。从漂流式的理论学习

107

到沙龙式的集体研讨，从各自为政的分班进行到大手牵小手的混龄开展，从深入实际的实地观摩到联系实际的自我反思等，教研"小珍珠"都得到了有机的串联。该园主题教研采用了循序渐进的研究方法，研究成果也是可见、可信的。该主题教研使该园的大课间运动更具有科学性，更符合大、中、小班幼儿的年龄特点，更符合幼儿动作发展的规律，更符合园所场地的实际。在保证运动开展的实效性、群体性以及安全性的同时，促进幼儿身心健康发展。

可扫描二维码，阅读案例 4-4"快乐运动'荟'畅玩——大课间运动探索"。

案例 4-4

快乐运动"荟"畅玩
——大课间运动探索

2. 问题解惑式

问题解惑式是围绕主题教研，以某一类或某一个具体问题为主线，进行解疑释惑。对照目标查找问题，针对突出的问题进行分析，重在阐述解决问题的具体思路和方案，提出解决问题的具体方法，说明解决问题的过程和结果。要注意回应和解决"为什么"的问题，要用科学的理论，对大量的教研经验进行分析，对坚持的观念和做法进行合理的解释，让人们不仅知道操作层面上怎么做，而且能从理论高度明白为什么这么做，从而起到加深理解、举一反三的作用。

3. 归纳论述式

归纳论证是收集、整理、综合、筛检、分析、判断、提炼等逻辑思维过程。运用科学的理论，对主题教研过程中教师们的点滴经验、思想认识进行进一步的完善和修正，将这些宝贵的"零珠碎玉"串联起来，进行有价值的筛检，剔除个别的、单一化的现象，精选出具有代表性、共性的现象，加以归纳并进行深入的、反复的分析，进行相互、前后以及正反的比对，找出内在联系，将摆事实和讲道理有机地结合起来，将感性认识通过具体实践加以求证，找出规律性并将其上升到理论高度，形成完整、系统的理论或实践经验。

4. 故事叙述式

结合教研主题，将发生在主题教研过程中最突出、最精彩的典型事件，以故事的方式总结出来。故事主角可以是教师，也可以是孩子或家长；故事内容可以是正面经验，也可以是反面教训；不仅讲述教师在教研过程中的外在行为，更要注意讲述教师在过程中表达出的深刻教育思想，对具体问题的处理方式和突出效果，各种做法的内在逻辑关系和理论支撑等。这种总结方式抛开了死板的、教条式的总结模式，运用鲜活的事例，使总结显现充满人文气息。

(二)总结的呈现方式

随着时代的发展，总结的呈现方式灵活多样，主要有以下几种。

1. 文稿式

文稿式主要是以文字或图文、数字等符号呈现的方式。文稿有纸质稿和电子稿之分，供参与者反复翻阅，或边倾听边阅读。

2. 图表式

图表式是指以表格和图片的方式呈现主题教研的开展情况。对照教研的目标和内容设计表格的相应栏目。哪些做到了？效果如何？哪些没有做到？原因是什么？条目分明。再附以图片说明，则更加一目了然。

3. 海报（展板）式

对主题教研总结的主要内容和核心思想进行梳理和凝练，用文字和图片相结合的方式制作成海报或者展板。海报和展板的制作需要设计，包括文字的比例、图片的大小、版面的布局等。这样的呈现方式能够让人们清晰地了解主题教研的整体过程或者某个阶段的教研过程和效果。

4. 融媒体方式

随着时代的发展，多数教师都会在现有总结文稿的基础上，运用融媒体技术进行后期制作，如制作成幻灯片，其中插播视频录像，有图画、有表格、有声音、有影像、有文字、有数据，图文并茂、条理清楚、事实清楚、形式新颖。另外，也可以制作成微视频和微电影，可以聚焦、可以放大、可以遮盖，直观形象、完整有趣，让人如临其境。

5. 现场观摩方式

现场观摩可以让观摩者亲临教研现场，让主题教研的过程以现场、具体数据、相关图表和影像等多种方式一一呈现在大家眼前。更重要的是，这种方式支持面对面的互动对话，可以实现直接交流，让总结的方式更加鲜活。

总之，无论采用哪一种方式进行总结和呈现，都要注意三点：要简，摒弃冗繁；要精，求实高效；要新，促进发展。

第五章　幼儿园主题教研的评价

当开展了一次次主题教研、经历了一次次活动后，我们需停下脚步反思：主题教研是怎样进行的？是否有效？是否有价值？有没有结论或成果值得推广？教师对教研活动满意吗？满意度是多少？基于这些思考，我们需要对幼儿园主题教研进行评价。

评价，是"评定价值的高低"，是一种价值判断活动。主题教研评价，是指根据一定的主题教研目标，用切实可行的评价方法和手段，通过收集和分析较为全面、系统的教研资料，对完成的教研活动、教研过程和教研效果进行全面考查和价值判断（包括对人、物、过程及成果等多个因素的考查和判断），为下一阶段的教研决策提供依据的过程。[①] 这种价值判断既包括对主题教研的整体评价，也包括对各个环节和每次活动的分类评价。

第一节　幼儿园主题教研的评价原则

如何实现教研价值，让参与活动的教师研有所获，体现教研的魅力？我们需遵循以下四个原则。

一、参与性原则

在开展主题教研时，为了让所有的教师都参与其中，应赋予他们一定的权利和义务：确定主题的参与权、活动内容的知情权、观点表达的选择权以及为主题教研献计献策，贡献自己智慧的义务。基于幼儿园一日活动中遇到的困难和出现的问题，围绕共同关注的"话题"，开展相关主题研讨活动，让每一位参与者真正动起来，在与同伴的对话、交流中分享经验，在思维的碰撞中得到提高，亲身体会主动合作、探究学习的喜悦，以达到自身观念、态度和行为上的改变。

案例点击

某市的一次教研活动以教师自主创编的音乐《香草咪咪》为切入点，在有限的时间内充分挖掘参研教师的创造性思维，调动教师的参与性和积极性，实现

[①] 崔岚、黄丽萍：《如何当好教研组长》，152 页，上海，华东师范大学出版社，2011。

了有效教研。（图 5-1）

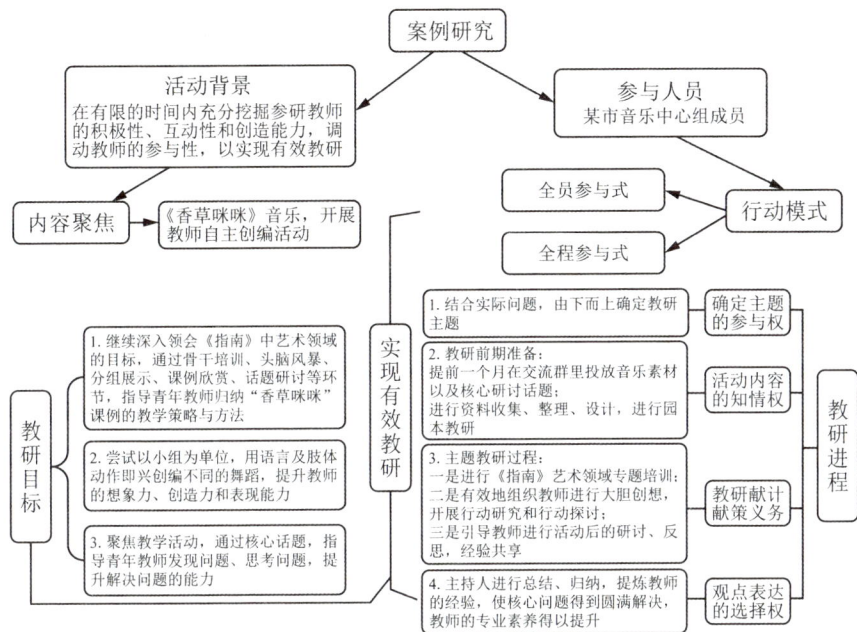

图 5-1 "香草咪咪"主题教研

活动通过骨干培训、头脑风暴、分组展示、课例欣赏、话题研讨等环节，使教师进一步学习、理解了《指南》中艺术领域的目标，获得了音乐教学中的一些相关经验（音乐剪接技巧），掌握了一些教学策略（通过调节音量大小、轮流走的方式，让幼儿学会"控制"等学习品质），以及对不同层次幼儿发展的要求。从该案例中我们可以看到，每个成员都参与到了研讨创想中，大家获得了不一样的思路和内容，并在分享中达成了共识。

在教研活动开展的过程中，为了让所有教师全身心参与，教研前、活动中需创设问题情境，解决教师在教育教学中遇到的实际问题与困惑；营造轻松愉快、开放合作的教研氛围，引导教师在活动体验中反思自己的经验、行为和观念，在交流与分享中学习他人的长处，产生新思想，获得新认识，从而实现自我提高。

可扫描二维码，阅读案例 5-1 "'香草咪咪'主题教研"。

案例 5-1
"香草咪咪"主题教研

"香草咪咪"主题教研给教师留下了深刻的印象，大家积极参与到教研评价中来……

徐老师：本次活动能结合教师的实际问题，由下而上确定教研主题，贴近我们的工作，让我们感受到自己有确定主题的参与权。

毕老师：在教研前期的准备过程中，相关教师提前一个月在交流群里投放了音乐素材以及核心研讨话题，给了我们充分的时间、空间进行准备，如收集资料、整理思考、设计活动等，并开展园本教研，让我们了解了教研内容，有活动内容的知情权。

伍老师：此次主题教研过程，一是能立足实际，通过进行《指南》艺术领域专题培训，使各层次的教师在《指南》通识的基础上，进一步了解了相关理论和先进经验，丰富了我们的认知结构；二是组织教师进行了大胆创想。通过半个小时的互动交流，大家在园本教研的基础上开启头脑风暴，最后再进行分组介绍和展示分享，让我们获得了不一样的思路和想法。教研活动体现了在活动中研究、在活动中探讨的理念，做到了理论联系实际、理论在实践中运用。

康老师：教研的最后环节能引导我们进行活动后的研讨、反思，通过交流使隐性知识显性化，使我们个人的经验获得共享，让大家真正体会到了"知无不言，言无不尽"的参与感以及自由表达的乐趣，充分感受到了为本次主题教研献计献策的氛围。

杨老师：通过学习和参与活动，我发现，教师们都成了教研活动过程中的主角。大家把自己的思考、体会、意见、建议、困惑、难题统统表达出来，在与同伴的对话交流中分享经验，碰撞出了不一样的思维火花。

林老师：本次教研活动紧紧围绕一个主题，大家一个都不落地参与到各项活动中，打破了以往教研"一言堂"的局面，消除了教研内容不聚焦的弊端，变"一人主讲"为"群体参与"，变"面面俱到"为"突出亮点"，变"重形式"为"重实效"。主持人最后的总结、归纳、提炼，让核心问题得到圆满解决。这样的教研既丰富了自己，又提升了他人。希望今后多多组织类似的主题教研活动。

案例中的主题教研组织形式新颖、独特，内容丰富，教师参与度高，各组在相同音乐背景下的奇思妙想和创意给人以启发。该教研活动最大的成果是解决了教师创编韵律活动过程中遇到的音乐编辑、动作创编、游戏因素介入等核心问题，是一次不可多得的有效教研活动。

二、激励性原则①

在教研活动中，通过组织者的语言、情感和恰当的教研方式，我们可以不失时机地给不同层次的教师以充分的肯定、激励和赞扬，使参与者在心理上获得自信和成功的体验，推进教研进程。宽松、和谐、民主的研讨氛围的营造，

---

① 陈坚：《教研活动的策划、流程与评价》，载《教学与管理》，2012(31)。

能够激发教师参与的热情，引发其参研兴趣，强化教师成功的喜悦，不断提高教师的自信心和职业幸福感。

三、反思性原则

反思性原则要求教师一方面对主题确定和实践过程中的各个环节进行认真的反思，从中发现问题；另一方面在教研活动中，对自我行为表现加以解析和修正，进而不断提高自身教育教学效能和素养。遵循反思性原则进行实践（认识和改变自己、培养良好的思维模式、提高解决问题的能力、掌握一种学习方法）是教师在整个职业成长中自我修炼的过程，是其成为一个专家型教师的必要手段。

案例点击

某园通过每周开展"快乐星期三"全园混龄大区域活动，收集游戏视频，组织教师观摩，并指导教师在游戏前带着问题观看游戏视频解读，开展了"幼儿游戏中的观察反思与学习故事的撰写"主题教研。导出话题，留出思考空间；观看游戏视频，直观感受，发现问题；针对问题，教师开展现场辩论和反思等。通过上述几个环节，集体反思，各抒己见。

教研活动是教师集体反思、不断成长、不断进步的活动。在这个案例中，教师通过三个环节，围绕教师共同关注的"游戏中教师该不该介入？怎样适时、恰当介入？"等问题，在欣赏、发现、思考、辩论的基础上，全员参与主题教研，多角度、多层面地反思。这种边教研边反思的形式非常接地气，深受大家喜爱。

可扫描二维码，阅读案例 5-2"幼儿游戏中的观察反思与学习故事的撰写"。

案例 5-2

幼儿游戏中的观察反思与学习故事的撰写

活动后，教师这样评价：

白老师：此次教研主题来源于实践、来源于幼儿游戏现场，与以往书本上的学习内容有很大的不同，更加直观、生动、可视。

谢老师：我们在主题教研中，边观摩、边讨论、边反思。游戏过程中教师应不应该介入？怎么介入？大家通过讨论，形成不同观点，开展辩论，解决问题，达成共识。

咸老师：本次主题教研针对性强，实效性高。我们通过大家娓娓道来的故事进入当天的游戏场景，根据游戏中幼儿的状态、表现，说出自己的想法，提出问题。大家敞开心扉，深入交流、畅谈、反思，有话可讲，有理可辩，感受到了"灯不拨不亮，理不辩不明"的良好教研氛围。这种方式的教研活动效果好，给教师带来了很大的收获，希望今后多多开展。

此次主题教研从根本上让教师更清楚地认识到在游戏中应不断调整、解析和修正自我行为，学会观察、分析幼儿，学会读懂孩子们的内心，更要学会在游戏中多角度地反思，为推动游戏进程、顺利撰写游戏故事、寻找提升幼儿游戏水平的后续支持打下基础；同时，也培养了教师良好的思维模式，提高了教师的游戏组织能力、人际沟通能力、信息收集能力和科研能力，不断促进教师的专业化发展。

四、有效性原则

主题教研的关键是提升活动的有效性，要以解决教师在教育教学中遇到的实际问题与困惑为出发点和落脚点，借助参与式教研，营造轻松愉快、开放合作的教研氛围，通过变换教研形式等路径，提高教研活动实效。主要表现在以下几点。一是教研活动的主题选择要有针对性。通过观察、调查，寻找在教师中存在比较普遍的真问题，并通过认真研究，发现问题的实质，从而确定一个明确的研讨主题，变教研任务为教师的成长需求，以实现有效教研。二是要能满足不同层次教师的需求。满足不同教师的知识增长、理念提升、行为转变、能力提高等方面的需求。三是要经得起教学实践的检验。促进共识的达成，促进教学行为的持续改进，让教师实实在在地感受到研之有用、研之有得、研之有效。

案例点击

表 5-1　幼儿园音乐游戏化教学——歌唱主题系列教研活动安排表

序号	教研时间	教研内容	教研形式	参加人员	主持人
1	2018年09月21日	(1)上学期音乐教研小结、本学期计划 (2)理论学习 (3)微讲座——《基于孩子的角度，让歌唱与游戏有机融合》 (4)核心话题：歌唱教学中，教师建构的支架式教学策略以及活动中体现的音乐核心经验是什么？	学习、讲座、研讨交流	全体教师	教研组长
2	2018年10月19日	(1)模仿课及反思 (2)微讲座——《歌唱活动的教材分析和教学要点》 (3)核心话题：谈谈歌曲范唱的那些事	教学观摩、讲座、研讨交流	市级音乐中心组成员	教研组长

序号	教研时间	教研内容	教研形式	参加人员	主持人
3	2018 年 11 月 23 日	(1)分享互动环节——歌唱教学中的游戏运用 (2)分组研讨：音乐教学中游戏化因素的有效介入 (3)小组代表交流、发言 (4)专家点评	游戏互动、研讨交流	全体教师	教研组长
4	2018 年 12 月 21 日	幼儿园音乐游戏化教学——歌唱主题原创课	教学观摩、反思交流	市级音乐中心组成员	教研组长

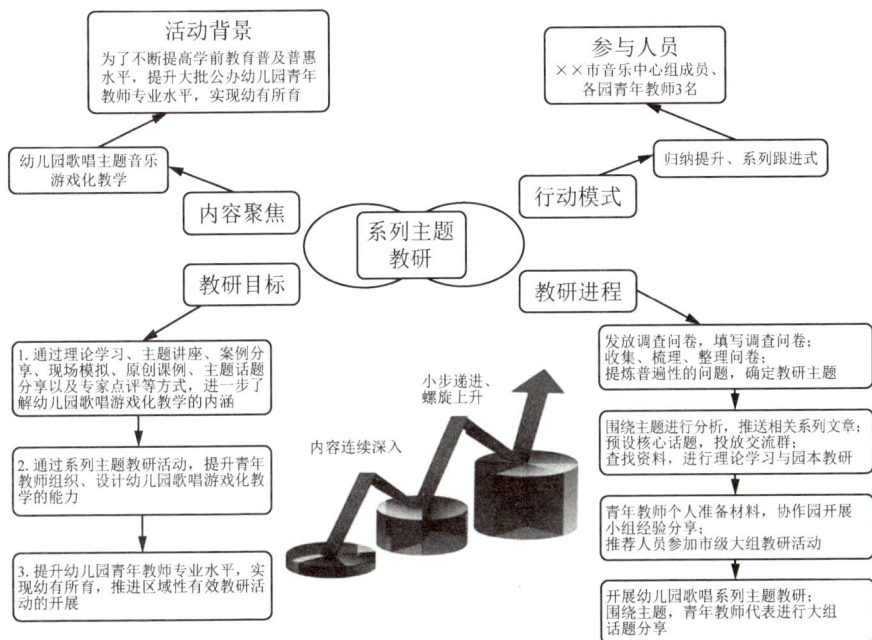

图 5-2　幼儿园音乐游戏化教学——歌唱主题系列教研活动

案例中展示的系列主题教研，是目前为了不断提高学前教育普及普惠水平，提升大批公办幼儿园青年教师专业水平，实现幼有所育而推进的区域性教研活动。表 5-1 中显示，整个系列教研活动按月推进。首先，给每个教师发放调查问卷，梳理出关于音乐游戏化教学中亟待解决的问题，将带有普遍性的问题进行提炼，进而确定本学期的教研主题。其次，围绕主题，对每个教师应该

第五章　幼儿园主题教研的评价

做什么、如何做，进行一个系统的分析。在具体实施时，教研组先推送相关系列文章、预设核心话题，让教师带着任务查找资料，进行理论学习与园本教研。再次，青年教师个人准备材料，由教学园长或骨干教师组织在协作园开展小组经验分享活动，并推荐人员参加市级大组教研活动。最后，各园青年教师代表围绕主题进行话题分享。通过理论学习、案例分享、实践探索、展示讨论以及教研总结，整个主题教研过程呈现出内容丰富、扎实有效、层层递进、螺旋上升的特点。（图5-2）

参研教师们对系列活动进行了评价：能追随内容连续深入、小步递进，由小组研讨、推荐，通过理论学习、主题讲座、案例分享以及现场模拟、原创等形式让大家参与其中，逐步促进教师的发展，让人受益匪浅。特别是专家点评和理论指导，给每一位成员以点拨，让教研活动上了一个新台阶。小组分享环节也让大家有话可讲、有平台可展示，使我们感受到这样的主题教研不仅仅是走过场，它能够高效地解决现实工作中的问题。

毕老师：对这一教研方式，我们从陌生到熟悉、从胆怯到主动，也经历了从"突破心理障碍"到"内心欣喜接受"的过程。在主题教研中，我们感受最深的是不仅要有扎实的理论、丰富的实践，而且还得有深厚的语言表达能力、走上去的胆量与说出来的勇气。

孙老师：教研组的每次研讨都让我期待、震撼和回味，它从参与研讨的教师们关注的问题开始，寻求解决问题的方法，使每一个人都能主动并有较多机会参与讨论，发表自己的见解。参与式的教研优点太多，每次开展的活动就像一个大聚会，让我们感觉开心而美好，也让我们认识了很多有共同话题的朋友，感受到学前教育里浓浓的爱，每个参与者都亲身体验着自主、合作、探究的学习方式。学习过程不再是一个被动接受的过程，而是通过自己的思考和与同伴的合作交流，选择并形成对自己有意义的知识的过程。

徐老师：在这样专业化的磨砺中，我们采用的是骨干教师带领青年教师互帮互学的方式。骨干教师承担着专业引领者的角色，全程参与，根据青年教师的特点，为教学活动出谋划策；同时，为了保证教学研讨向较高水平发展，骨干教师需要有扎实的专业水平，不断地学习并更新自己的教育理念，提高自己的教学水平。只有这样，才能更有效地引领青年教师。这两个模式互助互赢，不可分割。

康老师：开放式的分组讨论创设了宽松的交流氛围，大家畅所欲言、各抒己见；轮流展示彰显了每位教师的音乐素养和个性风采；讲座活动浓缩了各组的音乐教育学理念精华；大量的国内外优秀音乐作品视频展示带领我们一次次踏上音乐之旅。我们在音乐的海洋里徜徉，如饥似渴地吸收着新鲜的养分。教研是一个"场"，一个让我既紧张又兴奋的磁场；是一个"湾"，一个让我既放松又享受的港湾。

从教师的参研体会和反思中，我们再次发现，平等、自主、独立思考的方式为不同层次的教师提供了成长的舞台，既促进了教师吸收养分、提高教学技能，又为教师提供了专业引领和指导，促进了教师的专业化发展，最大化地实现了有效教研。

第二节　幼儿园主题教研的评价主体和评价方法

教研活动的有效性，依赖评价的反馈、诊断、激励与调整。有效评价能够推动教研活动可持续开展，促进教研参与者的专业水平螺旋上升，达到提高保教质量的目的。那么，谁是教研活动的评价者？评价的方法又是什么？

一、幼儿园主题教研的评价主体

现代教育评价理论倡导评价主体多元化。2001 年颁布的《幼儿园教育指导纲要（试行）》指出，"管理人员、教师、幼儿及其家长均是幼儿园教育评价工作的参与者。评价过程是各方共同参与、相互支持与合作的过程""幼儿园教育工作评价实行以教师自评为主，园长及有关管理人员、其他教师和家长等参与评价的制度"。

评价者不仅仅限于上级领导，在当前的学前教育评价阶段，应重视各个评价者的共同参与，从多个角度对幼儿园各项工作进行全面的评价和分析。因此，我们应调动与幼儿园主题教研的开展密切相关的人员的积极性，让他们参与到评价中来，并确定他们为评价主体，通过教师自评、教研组长评价以及园长评价①，实现提高幼儿园保教质量的目标。

（一）教师自评

幼儿园主题教研是以园为本的教研，园内教师是主题教研的发起者，更是主题教研的参与者，是研究过程的实施者，更是研究结果的受益者。因此，应鼓励教师在主题教研参与过程中进行有效的自我评价，并将其作为一种职业习惯，及时找出自身的薄弱方面，通过自我反思、发现问题、解决问题、改进工作，提高学习的积极性和主动性，促进自主发展。

---

① 莫源秋等：《幼儿园教研活动设计与实施》，93～94 页，北京，中国轻工业出版社，2014。

案例点击

以爱为源，不忘初心

——"建立良好的师幼关系"主题教研评价

某园因受新型冠状病毒肺炎疫情影响，家长不能入园，孩子入园时，要自己进园。离园时，教师分时段、分年级错峰组织孩子到门口排队，等待家长来接。幼儿园行政人员值班、护导时发现，每个班孩子入园和离园时的状态、行为习惯各不相同，通过巡视观察，还发现各班的师幼关系不同，班级孩子呈现的状态也大不相同。针对这一现象，幼儿园经过讨论，决定以"建立良好的师幼关系"为主题开展教研活动，目的是引发教师自我反思，找到与孩子互动时正确的方式，建立良好的师幼关系，为进一步提升教师的专业水平和专业素养打下基础。

教研活动前准备如下。

第一，请大家阅读文章《师幼互动的正确打开方式，从好好说话开始》。阅读后反思两个问题，并在教研中讨论、交流。

①文中提出教师可分为高控型、放羊型、支持型三种类型，我属于哪一种类型的教师？

②师幼互动的正确方式有哪些？我做到了哪些？

第二，每个教研组准备 3 个小品，内容分别反映出高控型、放羊型和支持型的教师形象。小品可以运用夸张和喜剧的表现手法，设置合理情节，引发教师对自己行为的反思，触及教师内心深处。

为了完成本次主题教研的目标，幼儿园对本次教研活动的选题、准备、过程和效果等方面进行了真实的评价。下面是部分教师的自评内容。

陈老师：整整两小时的教研活动，虽然在中午开展，但是大家丝毫没有倦怠，我想这其实也是教研本身的魅力所在。感触颇多，小结如下几点。①从实际工作出发，确定教研主题，引发教师共鸣。②接地气的经验之谈，延伸教研深度，人人有感而发。③互动参与的模式，完美演绎话题内容，高效、精准、新颖。从点滴做起，不忘初心，爱在心间！

吕老师：从好好说话、礼仪教育到大胆表达自己的爱，大班组的老师在最素朴的交流中，有交流、有碰撞，彼此交融，取长补短。为我们满含真实、真诚、真心的教研活动鼓掌。

章老师：这次的教研活动紧贴我们工作的日常，在讨论中，大家表达了自己对职业的理解，我也对自己的工作有了更深的认识和理解。我是不是支持型教师？在特殊情况下，我能不能做到在不同类型间转换呢？教研中的小品环节是我最喜欢的部分，在欢笑中真实呈现了三种不同类型的教师的特点，这些细小的特点会对孩子有很大的影响。我要始终牢记，作为一名年轻教师，在今后的工作中要做到给予适度的支持和好好说话。

黄老师：在此次教研活动中，我不仅感动不已，而且收获颇丰。我们自己参与、自导自演，不仅在自省，也在不断地思考如何在今后的工作中做得更好。教研的模式和氛围轻松、有趣，大家的参与性也很强。

彭老师：采用小品的形式进行场景再现，形式新颖、直观，氛围轻松、愉悦，能够让老师们针对一些平时可能存在的具体问题进行讨论、反思，从而提升自我。教研方式很有趣，效果很好。（图5-3、图5-4）

图 5-3 "礼仪教育"分享

图 5-4 教师代表谈感悟

（案例来源：芜湖市实验幼儿园毕霞）

（二）教研组长评价

教研组长作为实施园内主题教研的中心人物，既是活动进程的规划者、推动者，又是活动的评判者，既是活动的组织者，又是活动的实践者，是架构实践和理论桥梁的核心人物，是促进幼儿园一日活动质量提升的关键人物。因此，教研组长的评价尤为重要。教研活动的成效与他的思考和行为息息相关。教研组长通过对教研活动的策划、组织及反思评价，不断优化教研活动过程，发挥其引领作用，促进教师与自己之间的对话与沟通等，以确保主题教研活动计划的落实与有效开展，确保幼儿园主题教研工作的良好运作。

案例点击

某园开展了"建立良好的师幼关系"主题教研。经过一系列的活动，园内师幼关系得到了很大改善。

在一次教研活动中，组织者声情并茂地说："作为此次教研活动组织者之一，我看到了此次教研活动的价值，在教研计划中设定的目标基本都达到了。

文章、小品等教师们喜闻乐见的形式深深触动了其内心深处，激励他们去反思自己的教育行为，去努力建立良好的师幼关系。比如，幼儿园大门口的接送环节发生了很大的改变。孩子热情地和老师打招呼，老师也开始蹲下身来和孩子说话，老师和孩子的脸上洋溢着真诚而美好的笑容……相信良好的师幼关系的建立对孩子心理环境的创设和良好班风的形成都会有很大的帮助。当然，我们也看到了此次教研活动在准备上有疏忽的地方，教研活动并没有满足所有老师的需求。作为行政后勤组的老师，我虽然不会像班级老师那样对孩子进行直接的教育，但是由于面对的是全园孩子，所以我更需要以身作则，心里要装着全园的孩子。我看到大家在入园、离园护导时都能坚守岗位，给予每一个孩子亲切的微笑，进行礼貌教育，还注意培养孩子的能力，鼓励孩子……这些内容都没能在教研活动中体现出来，很遗憾。今后，我们还要结合实际情况，开展更深层次的活动，以唤醒教师的内在驱动力，不断改善自己的教育行为，和孩子建立良好的师幼关系，让教研效果更为突出。"

（案例来源：芜湖市实验幼儿园毕霞）

（三）园长评价

园长是幼儿园保教质量提升的第一责任人，是整个幼儿园主题教研的规划者、指导者、实践者。园长从管理和指导的角度参与并对主题教研进行评价，一方面能给教研活动带来活力，激发教师参与教研的积极性和热情；另一方面能使教研组更加清楚地认识到自己的优势与不足，推动教研质量的提升，并有助于下一阶段教研工作的改进。对园长自身而言，这也是一个学习和提升的过程，能够进一步了解幼儿园工作实际，为幼儿园保教质量、教师专业发展水平的提升以及课程管理与办园思想的实现打下基础。

案例点击

针对"建立良好的师幼关系"主题教研，园长也进行了点评："这次的主题教研非常及时，意义非凡，成效显著。通过这次活动的开展，我们让教育回到了原点。在提高自己的教育教学水平、提升科研能力的同时，大家要不忘初心，爱的教育永远不能丢失。重启礼仪教育，把初心落在行动上，把使命担在肩膀上，让孩子们在爱的乐园里快乐成长！放学时的一幕让我很感动。孩子对老师大声说再见，老师和蔼可亲地和孩子道别。让我意外的是，许多家长也情不自禁地对老师说再见。文明之风逐渐形成，拉近了人与人之间的距离，让大家觉得这是一个有温度的幼儿园。最重要的是通过此次教研活动，我看到了老师勇于自我剖析、善于反思的良好品质。良好的师幼关系、良好的同伴关系是形成良好的园风、园貌必备的条件。为老师们感到骄傲。"

二、幼儿园主题教研的评价方法

精心策划的主题教研效果如何？质量如何？是否达到了促进教师专业发展、提高保教质量的目的？不同的评价方法体现了不同的价值追求。

(一)多主体评价法

在主题教研结束后，结合现场实践情况，教师、教研组长、园长等多主体共同参与，进行评价，以实现评价主体的多元化。幼儿园应鼓励教师大胆开展自评、互评活动，通过研讨获取感悟，从专家的意见中吸取养分，反思自身教学实践和行为，在此基础上谈体会、说感想、写心得、享收获。教研组长要针对教研活动的主题和活动实效，请组员开展互动性评价，通过设计相关调查问卷、收集反馈信息，多层面进行分析，了解教师对本次主题教研的看法和意见，并进行教研小结自评，总结经验。园长要积极参与并支持主题教研评价，以了解教师各方面的发展水平以及专业化成长路径，促进主题教研有效开展。[①]

比如，为了克服新型冠状病毒肺炎疫情带来的困难，恢复学前教育正常的教研活动秩序，解决教师教学实践中的问题，促进其专业发展，某市利用网络开展了"云端教研"活动。在开展了"云端齐相聚，在线共教研"幼儿园音乐主题网络教研活动后，教研组精心设计了以下调查问卷。（表5-2）

1. 本次网络教研，您参与的方式是（　　　）。 A. 直播　　　　B. 回看
2. 您认为每次网络教研的时间在（　　　）以内比较合适。 A. 1.5小时　　　B. 2小时　　　C. 2.5小时
3. 本次网络教研中，（　　　）环节让您受益。（多选题） A. 模仿课　　　B. 核心话题经验分享
4. 网络教研缺少了面对面的交流互动，您认为（　　　）的方式可以更好地提高教研互动的有效性。（多选题） A. 专家现场点评　　　B. 教研后线上讨论　　　C. 线上即时讨论 D. 其他（请举例）＿＿＿＿＿
5. 本次音乐中心组开展网络教研是一项新的尝试，您认为还有哪些可以改进的地方？（请填写您的建议）

----

① 李飞：《"三全"主题教研评价体系重构》，载《新课程研究》，2019(17)。

通过调查问卷的设计，收集并整理教师对此次活动的评价意见，基于"本次网络教研中，哪个教研环节让您受益？""网络教研缺少了面对面的交流互动，您认为哪些方式可以更好地提高教研互动的有效性？"等问题，全面、深入而细致地了解参与者的看法和意见，更具有真实性、针对性，能够引起大家共鸣，并为下一阶段的教研计划的制订和活动方案的提出提供有用的信息。这种评价方法针对性强，深入人心。

（二）多元化评价法

主题教研的评价方式灵活多样。针对评价过程及结果的不同，可分为整体性评价、选择性评价。

整体性评价，是指在主题教研的研究过程中，对各个环节和每种活动的进行情况做出价值判断，是根据主题教研评价标准进行的评价，包括对主题教研选题、主题教研准备、主题教研过程、主题教研效果等部分的评价。这些部分包含不同的内容，有着各自的评价目的。评价指标完整、简单、可操作，既可以让评价者对相关指标进行直观的评价，也可以在"整体评价与建议"中写下自己对主题教研的感受。

选择性评价，是针对主题教研的某一个片段或某一个指标展开评价。比如，为了达成主题教研中"互动性强，教师参与度高"的目标，可以在活动后的评价环节中重点围绕参研教师能否"积极主动参与活动，主动参与话题研讨，引发教研新思路"进行有针对性的评价，从参研教师的表现来分析教师参与教研活动的热情程度以及教师对活动的兴趣，以推断教研活动的有效程度。再如，为了达成主题教研中"重点突出，问题解决有实效"的目标，可通过教研后的教师反思、对研讨过程中问题解决的思考心得以及活动后的实践体验，来进一步验证教研活动的有效性。

幼儿园应将选择性评价与形成性评价、即时性评价有机结合，在实施过程中动态调整策略，以达到促进教师专业发展的目的，使评价更有效。

案例点击

"主动·有效"背景下幼儿园个别化活动评价表（表5-3）通过选择性评价，向我们呈现出对环境创设与材料支持、教师观察指导、幼儿活动状态进行评价的过程。

表 5-3 "主动·有效"背景下幼儿园个别化活动评价表

_____幼儿园 ____班　　　　　　　　　　　　　　　日期_____

组织者_____　　　　　　　　　　　　　　评价者_____

评价项目	参照指标	达标分值	评分	
			分栏得分	项目合计
环境创设与材料支持（40分）	1. 提供宽裕的、有弹性的活动时间，充分有效地利用好活动室的空间：整体布局科学合理，区域设置体现阶段目标	10分		
	2. 为幼儿创设民主、宽松的心理环境，有利于幼儿自发、自主地探索与表现	10分		
	3. 各类操作材料符合安全卫生标准，数量充足，种类丰富，摆放有序，低结构化，具有层次性、趣味性、挑战性	10分		
	4. 材料收集渠道广泛，材料结构与功能多元，自然融合主题经验和园所特色	10分		
教师观察指导（30分）	1. 准备充分，有比较明确的重点观察指导的区域和对象，能把握好介入的时机和方式	8分		
	2. 有意识地观察和倾听，捕捉有价值的信息，提供适时、适宜、适度的支持与引导（如语言、行为、材料的支持等）	8分		
	3. 尊重幼儿在发展水平、能力、经验、学习方式等方面的个体差异，分层指导，努力使每一个幼儿获得满足和成功的体验	7分		
	4. 采用即时回应和交流分享等不同的方式支持幼儿将个体经验转化为集体共享的经验，推进幼儿新经验的获得	7分		
幼儿活动状态（30分）	1. 自主选择不同的区域和材料，有参与的热情、独立操作的意识	7分		
	2. 积极地投入活动，情绪愉快、神情专注、兴趣持久、乐于探索，能自主地发现问题、解决问题	8分		

评价项目	参照指标	达标分值	评分	
			分栏得分	项目合计
幼儿活动状态(30分)	3. 活动中行为习惯良好，与教师、同伴之间的关系和谐	7分		
	4. 主动积极地寻求与同伴的合作互动，乐意交流和分享	8分		

依据评价方法性质的不同，可分为量化评价和质性评价。

量化评价，是指以实证主义为认识论基础，通过收集数量化资料信息，并运用数学分析方法得出评价结论的一类评价方法。比如，为了达成幼儿园教师教研能力提升的目标，可以通过建立评价指标体系，并在其中重点考查教师教研活动的态度、在教研组的作用等内容，通过具体的数据来评价教师的教研水平。

案例点击

表 5-4 是某园教师参加园本教研情况年度量化考核积分表。

表 5-4　教师参加园本教研情况年度量化考核积分表

项目		积分细则	教师自评
教研工作	自主学习	1. 能主动收集、整理、学习与主题教研相关的教育书籍且有读书笔记(计1分)，并能在校园网上投稿，发表自己的观点(计2分) 2. 积极参加幼儿园组织的各项教研活动、观摩课等学习活动(以签到为准)(计1分)	
	自我展示	1. 能根据主题教研内容积极参与发言、讨论(计1分) 2. 积极承担园级主题教研公开课、微讲座等任务(计1分) 3. 在主题教研中能积极提出问题，协助团队解决问题，并能应用到实际工作中(以活动记录为准)(计1分)	

项目		积分细则	教师自评
教研工作	总结经验	1. 做好工作总结，积极撰写教育教学论文(计1分) 2. 增设附加分：论文获奖(国家级一等奖计3分、二等奖计2分、三等奖计1分；省级一等奖计2分、二等奖计1.5分、三等奖计1分；市级一等奖计1.5分、二等奖计1分、三等奖计0.8分；区级一等奖计1分、二等奖计0.8分、三等奖计0.5分；同一篇论文获奖按最高级别计分)；论文发表(发表的论文刊登在国家级刊物上，参照论文获国家级一等奖计分；刊登在省级刊物上，参照论文获省级一等奖计分)	

教师通过个人自评的方式，累积个人积分，最终通过数据汇总来分析、评价教师参与教研活动的状态、过程以及成果，并做出正确的判断。由于量化评价有固定统一的标准，对所有教师的评价都是一视同仁的，因此评价的判断是客观的。

质性评价，是指以解释主义为认识论基础，通常在自然的情境中，通过详细而全面的调查，运用实地体验、开放型访谈、参与性观察、深度访谈、实物分析、个案调查、行动研究等手段，对反映教师主题教研及发展状况的资料进行收集与分析，从而做出具有真实性、描述性的价值判断的过程。它是一个持续动态的过程，教师成长档案袋，教研中教师的表现性评价、写实性评语等都属于质性评价。比如，我们在组织幼儿园教师课件制作、无生上课、说课比赛等活动中，通过参考比赛结果和观察比赛中教师的具体表现，从而对教师的教学能力与素质进行评价。又如，幼儿园为每位教师建立教学档案袋、成长记录袋，这是由教师收集的、反映自身技能和知识水平的典型资料，评价者可以通过查阅档案袋中的资料，对教师一段时间的工作表现进行评价，并给出相应的意见和建议。由于质性评价既没有统一的评价项目，又没有统一的评价标准，评价主体是多元的，通过评价者和评价对象双方的对话、交流，他评和互评相结合的方式，促进教师的发展，因此评价的判断是主观的。

第三节　幼儿园主题教研的评价内容

幼儿园主题教研的评价内容是幼儿园教研评价的重要组成部分，它涵盖了幼儿园教育活动的各个方面，如幼儿发展评价、幼儿园教师工作评价及幼儿园教育质量评价等，并呈现出多元化的特点。

随着《国家中长期教育改革和发展规划纲要(2010—2020年)》《国务院关于

当前发展学前教育的若干意见《幼儿园教育指导纲要（试行）》《指南》等文件的颁布，提升幼儿园教育质量的呼声越来越高涨，提升教育质量需从提升专业教师队伍的质量抓起。

我们知道，教师是提升幼儿园教育质量的关键，教师的水平直接影响着幼儿园的发展。而有效的教研活动，又是以教师的专业发展为本的，关注的是教师自主教研意识的确立、个人能力的提升，通过小组成员的互补，使整个组织的学习与研究水平得以提高，真正为改善教育实践服务，体现教研的实际价值。如何评价教研有效？这对整个教研活动起着导向或指导作用。它就像一根"指挥棒"，引领着教研活动的各个环节。下面将从主题教研选题的评价、主题教研准备的评价、主题教研过程的评价、主题教研效果的评价几方面进行阐述。（图 5-5）

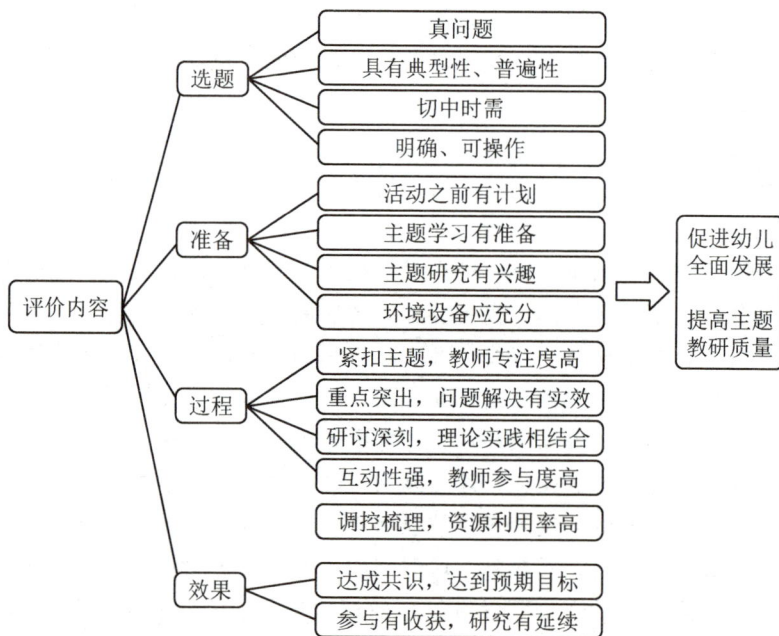

图 5-5　幼儿园主题教研评价内容

一、主题教研选题的评价

对主题教研选题的评价，可以从以下一些视点考虑。

（一）选题是真问题

主题教研提出了一个什么样的问题？有没有价值？这个活动主题与幼儿园保教工作实际的关联程度如何？是不是一日活动、教育教学、游戏、保育等实际工作中遇到的真问题？

(二)选题具有典型性、普遍性

在促进幼儿园发展和教师专业成长方面，活动主题是否具有典型性、普遍性的特点？是不是组内教师的共性问题或针对多数教师和幼儿的问题？

(三)选题切中时需

活动主题是否对提高幼儿园一日活动的效益有贡献？是否符合园内教师的需要，切中时需，是大家急需解决的问题？

(四)选题明确、可操作

活动主题是否任务明确，操作可行，有预期指向？通过本次教研活动要达到什么样的结果？能否初步形成某个问题的解决策略？

从教研者的角度来说，只有有了明确具体的目标，大家才能有针对性地去学习和思考，教研过程中才能进行有针对性的交流与讨论，才有利于教研目标的达成。

二、主题教研准备的评价

(一)活动之前有计划

活动前，对本次活动什么时候开始、目标是什么、如何进行等要有计划或方案，并考虑计划或方案是否完备、流程是否合理、是否有特色、有无创新之处等。"凡事预则立，不预则废。"活动前的精心计划是教研活动顺利开展的有效保证。

(二)主题学习有准备

教研组成员围绕教研主题提前对相关理论、已有经验进行学习，并进行资料收集(包括资料的获取与查找，资料的整理、汇编与分析等)，为教研活动的开展做好充分准备。

有效的教研实质上是有效的、合作式的组织学习，是个人在组织中共同分享，创造新知识、新方法的过程。因此，每一次教研活动，所有的参与者都应该是有备而来的。

(三)主题研究有兴趣

参与教研的教师对即将研讨的主题或问题感兴趣，进行一定的钻研，通过相关理论、经验的学习，形成自己的思考。

(四)环境设备应充分

进行主题教研之前，既要考虑环境因素(现场观摩、集中培训、实景诊断、交流分享等)，又要考虑设备因素(物化材料的准备)，确保准备充分，以防教研过程中造成遗憾。

三、主题教研过程的评价

(一)紧扣主题，教师专注度高

组织者能围绕选题开展活动，内容丰富，活动形式多样，有学习、有案

127

例，有观摩、有实践，有反思、有提升，层层递进，朝着既定目标前行。

(二)重点突出，问题解决有实效

参与教研的教师能紧紧围绕主题中的重难点问题进行诊断、研讨、争论，能集中精力于问题反思、解决上，以达成共识。任何一次教研活动都不可能是无效的，重点突出就是有效、高效的标志。

(三)研讨深刻，理论实践相结合

参与教研的教师能紧紧围绕预设以及与本次活动相关的问题链和提升点进行前期学习，通过理论与实践相结合，进行头脑风暴，积极研讨和发言，观点明确，思考有深度，在表述时能够结合具体的现象，并能用理论作支撑，做到有效提升。

(四)互动性强，教师参与度高

教研活动中，参与教师能积极围绕主题进行思想碰撞，有交流、有分享、有疑问、有解答，相互启发，相互借鉴，取长补短，共同为解决问题献计献策；同时，参与教师思维有深度，在表述观点时能够结合具体的现象，并能够透过现象揭示问题本质。

(五)调控梳理，资源利用率高

主题教研中能充分有效地利用人、财、物，为开展有效教研打下基础。教研过程中的主持人能注意把握研讨的进程、主线，引导教师紧紧围绕主题展开讨论，并对教研中的意见、问题进行及时的收集整理，为形成结论做好准备。

四、主题教研效果的评价

(一)达成共识，达到预期目标

选题以及在教研过程中产生的新问题、引起的争议，是否通过研讨得以解决？参与教师是否达成了共识，最终形成了一个大家认可的结果，达到了预期的教研效果？

(二)参与有收获，研究有延续

教研活动是否有效，最重要的是看不同层次的教师通过教研活动是否有所收获。这种收获应在今后组织的幼儿园一日活动中有所体现，即教师的思想意识和教育行为朝着积极的方向发展。因此，评价一次教研活动是否有效，我们不能把目光仅仅局限于 次活动、一次现场，而应关注教研之后产生的效益。在主题研究的过程中，教师的认识和行为应该是不断更新、螺旋发展的。因此，在有效的教研活动中，教师的研究与进步是循序渐进的过程。主题教研不能随着研究活动的结束而结束，教师应在不断的实践中进一步思考。

为了做好幼儿园一日活动中的各项工作，管理者可以根据评价内容制定相关的评价指标。这一方面有助于对教学工作进行指导，另一方面有助于对相关工作进行管理和督促，使其不断改进。

案例点击

"幼儿户外自主游戏观察与组织"主题教研评价量化参考表（表5-5）是对教研活动现场进行评价后填写的表格。

表5-5 "幼儿户外自主游戏观察与组织"主题教研评价量化参考表

序号	一级指标（分值/分）	二级指标（分值/分）	评分标准/分				评估简记	评价人		
			a	b	c	d		甲	乙	丙
一	主题教研选题（20）	1. 活动主题与幼儿园保教工作实际的关联程度密切，是真问题(5)	5	4	3	2	活动主题是幼儿园游戏活动中出现的真实问题			
		2. 活动主题具有典型性、普遍性(5)	5	4	3	2	幼儿园依据课题研究提高自主游戏的质量。对游戏的观察和组织，很多教师还不得章法，是迫切需要解决的问题。主题具有典型性和普遍性			
		3. 活动主题对提高幼儿园一日活动效益有贡献，切中时需(5)	5	4	3	2	此教研主题更好地帮助教师发现自己在游戏观察和组织中的问题，对教师的教育观、儿童观有很大的影响，切中时需			
		4. 任务明确，有预期指向(5)	5	4	3	2	教师是带着问题去观察孩子的游戏活动的。有预期的指向，观察内容更为明确			

序号	一级指标（分值/分）	二级指标（分值/分）	评分标准/分				评估简记	评价人		
			a	b	c	d		甲	乙	丙
二	主题教研准备（15）	1. 活动之前有计划（4）	4	3	2	1	计划详细，事先有课题组中心人员召开筹备会			
		2. 主题学习有准备（4）	4	3	2	1	吕老师前往北京学习，她制作了幻灯片，并进行了试讲，做了大量准备工作，为大家带来了最新资讯，以便大家更好地进行理论的学习			
		3. 教师对本主题的研究有兴趣（4）	4	3	2	1	教师们对选题研究充满兴趣，因为此选题是来自他们实际工作中的问题			
		4. 研讨环境、设备准备充分（3）	3	2	1	0	准备了现场观摩场地，实景教研非常有利于本次教研的开展			
三	主题教研过程（40）	1. 紧扣主题，教师专注度高（10）	10	8	5	3	整个教研围绕自主游戏的观察和组织这一主题有序进行，实景观摩参与，教师专注度更高			
		2. 重点突出，问题解决有实效（10）	10	8	5	3	对重点问题的研讨有所突破，很多教师真正意识到在自主游戏中要善于观察、勇敢放手、相信孩子			

序号	一级指标 (分值/分)	二级指标 (分值/分)	评分标准/分				评估简记	评价人		
			a	b	c	d		甲	乙	丙
三	主题教研过程 (40)	3. 研讨深刻，注重理论与实践相结合(10)	10	8	5	3	从讲座到实景观摩再到讨论，注重理论联系实际，教师在阐述观点时有理有据，对个别问题的探讨非常深入			
		4. 互动性强，教师参与度高(5)	5	4	3	2	整个研讨气氛热烈、有序，教师的积极性都被调动起来，讨论热烈，总结到位			
		5. 调控梳理，资源利用率高(5)	5	4	3	2	组织者对现场的节奏把握很到位，能抓住研讨中的重要问题，并对教师的发言进行梳理、总结，形成共享资源，供大家在实际游戏活动中运用			
四	主题教研效果 (25)	1. 达成共识，达到预期目标(15)	15	10	5	1	从完成的情况来看，不仅达到了预期，而且还有更多的收获			
		2. 不同层次的教师都有所获，研究有延续(10)	10	8	5	3	教师在观念和行为上或多或少都有改进，研究也一直在延续			

注："评价人"一栏中，甲为教师，乙为教研组长，丙为幼儿园园长。"评分标准"一栏中，a为好，b为较好，c为一般，d为较差。

（案例来源：芜湖市实验幼儿园毕霞）

第五章 幼儿园主题教研的评价

可扫描二维码，阅读案例 5-3"'幼儿户外自主游戏观察与组织'主题教研实录"。

案例 5-3

"幼儿户外自主游戏观察与组织"主题教研实录

第六章 幼儿园主题教研的成果

主题教研成果，是指在主题教研的整个研究过程中，参与研究人员通过对真实问题的观察、调查等，获得具有一定学术意义或实用价值的创造性结果，包括理论性成果、经验性成果、工具性成果等。主题教研虽是阶段性的，但对教师的影响与激励以及给教师带来的收获是长久的，教师在教研活动中经历的磨炼让他们终身受益。

第一节 幼儿园主题教研的成果形式

幼儿园主题教研取得的成果，可促进幼儿园保教质量的提升和教师的专业化发展，为教师提供可学习、可借鉴、可操作的指导。（图 6-1）

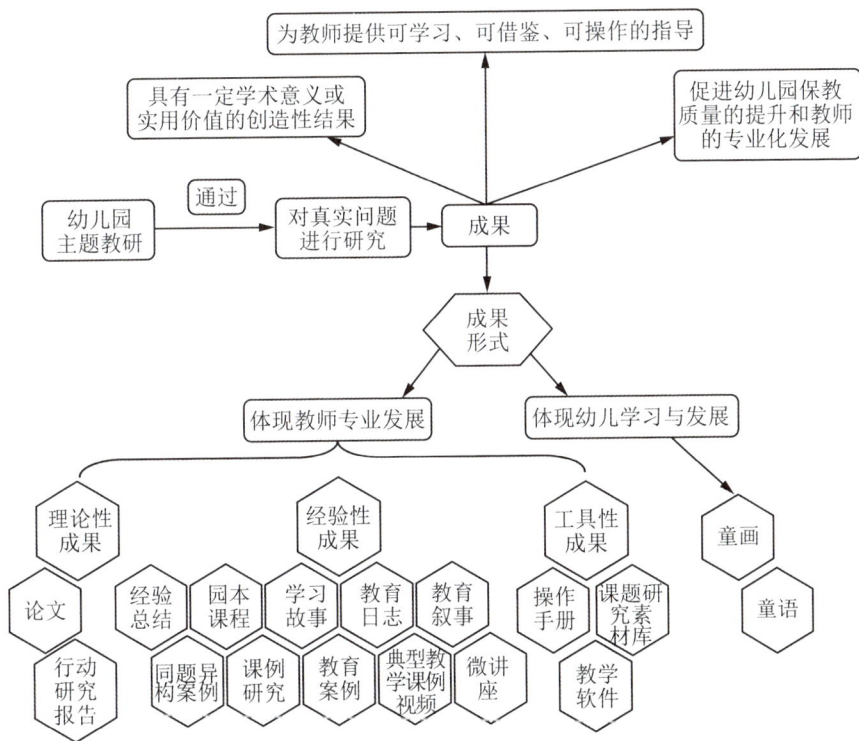

图 6-1 主题教研研究成果形式

主题教研研究成果的编纂、撰述，是一项高智力付出的复杂劳动①，其成果表现形式由开始一味注重量化转向注重质化，质的研究成为教师关注的焦点。这种成果表现形式有很多种。有体现教师专业发展的理论性成果、经验性成果，以及辅助教学的工具性成果，包括论文、行动研究报告、经验总结、园本课程、操作手册、教学软件、同题异构案例、典型教学课例视频、教育叙事、学习故事、课例研究、微讲座、教育日志、教育案例等；也有体现幼儿学习与发展的童画、童语等。无论采取何种表现形式，研究成果都应有利于研究结论的传播，符合研究结论传播的需要，最大化地发挥研究的价值。

一、理论性成果形式

（一）论文

幼儿园主题教研论文是指围绕幼儿园保教工作中的某个问题，在科学研究的基础上以论述为主撰写的文章。它与主题教研中的总结不同。主题教研总结是围绕研究主题，对主题教研过程中遇到的问题、解决的方法、经验收获、反思教训、目标达成情况等进行全面、系统的回顾和分析，通过自我评价，肯定成绩，找出不足，以便今后更好地开展工作。而主题教研论文是作者围绕幼儿园保教工作中的某个问题，通过系统研究，针对该问题提出自己的解决方案和主张，强调有理有据的分析、表述。比如，围绕幼儿园自主性游戏质量提升撰写的论文《如何用低结构材料推进幼儿自主性游戏》《幼儿园自主性游戏质量提升的实践研究》，围绕教师专业发展撰写的论文《基于"幼儿铁画"园本课程开发促进教师专业发展》《让"参与"在区域教研中绽放美丽》，围绕幼儿一日活动各环节中存在的问题撰写的论文《新入园幼儿哭闹行为归因分析及对策》《扎根儿童真实生活环境，发挥幼儿一日活动教育价值》《创新传统游戏，融入幼儿一日活动》等。

（二）行动研究报告

行动研究是指在幼儿园一日保教工作中，教师在研究人员的指导下，在幼儿园主题教研的扎实推进中，根据本园、本班的实际情况，为解决一日保教工作中的问题，改进工作的一种研究方式。行动研究报告是行动研究的表现方式，是最终理论成果。由于简便易行，它容易为广大幼儿园教师所接受。比如，教师围绕艺术领域撰写的《音乐教学有效预设策略的研究报告》，围绕游戏开展撰写的《幼儿园自主性游戏质量提升的行动研究报告》等均属于行动研究报告。

---

① 周小山、严先元：《教研的学问》，180 页，成都，四川大学出版社，2010。

二、经验性成果形式

（一）园本课程

园本课程是教师立足于本园实际，结合外部环境，体现本园特色，符合本园的社会文化背景，以促进本园幼儿的发展为目标，解决本园教育教学中的实际问题，由教师自行开发的课程资源，是包括课程目标、课程内容、课程实施、课程评价等在内的非常复杂和系统化的概念。比如，芜湖铁画是一种独特的地方艺术文化。某幼儿园尝试将芜湖铁画的艺术技艺巧妙地融入幼儿园的课程中，通过"品""玩""创"铁画，形成了具有幼儿园特色的"幼儿铁画"园本课程，如科学活动"站起来的铁丝"、艺术活动"好玩的铁画"、健康活动"寻找铁块"、音乐活动"打铁"、语言活动"小猴做铁画"等。在课程开发的过程中，教师们基于儿童立场，追随儿童已有经验，分析了"芜湖铁画"这一地方资源的教育价值，不断思考、建构、整合、实践、反思，推动园本课程的生成与发展，使得园本课程与教师专业发展呈现出相互促进、循环上升的局面。

（二）同题异构案例

同题异构是指选用同一教学内容，根据幼儿实际、现有的教学条件和教师自身的特点，进行不同的教学设计。比如，在幼儿园音乐主题教研中，围绕歌唱、韵律、奏乐等内容开展活动，以提高教师专业能力为主线，根据幼儿的实际、现有的条件和自身的特点，教师们进行了不同的教学设计，基于教学中的热点、难点问题对教学艺术进行探讨，大到一种教学策略的实施，小到一个动作的设计，交流彼此的经验。多维的角度、迥异的风格、不同的策略在交流中碰撞和升华。这种多层面、全方位的合作和探讨，提升了教师的教学教研水平，提高了幼儿园的保教质量。

同题异构案例让我们清楚地看到不同的教师对同一教材内容的不同处理方式，运用不同的教学策略产生的不同教学效果。教师想象的翅膀由此打开，教师的教学个性得到彰显。它是教师提高教学水平和教学能力、总结教学经验的一条有效途径。

（三）课例研究

课例研究是指教学共同体在一定的教育理论的指引下，围绕教学实践中遇到的某个亟待解决的问题，在集体教学过程中反复研究，提炼经验，改善教学，最终促进幼儿有效学习。其基本步骤是：选择主题后，进行教学设计、教学实践、观摩、集体反思、总结、分享。

三、工具性成果形式

(一)操作手册

操作手册是汇集一般资料或专业知识的参考书,是一种便于浏览、翻检的记事小册子,能够为人们提供某一学科或某一方面的基本知识与操作要点,方便日常生活或学习。比如,有的幼儿园通过组织教师开展主题教研,学习并研讨一日生活活动各环节的保教基本常识、各年龄段幼儿常规培养建议、保教操作要点、问题诊断及应对策略等,围绕生活活动的入园、饮水、餐点、洗手、如厕、午睡、离园7个环节,细致地了解各年龄段幼儿的常规培养建议、保教配合要点及应对策略,编写了《幼儿园一日活动保教常规操作手册》,里面重点对生活活动各环节进行了深度解读。(图6-2)有的幼儿园围绕"依托民间手工艺,开设幼儿校本课程"的主题系列研究,编写了一本《剪艺小知识》手册,里面详细记录了开展研究时所用的工具、选择的材料、剪纸的技巧、作品收集与保存的方法等,以帮助其他参与研究的新手教师快速地进入状态,了解开展剪纸活动必须知道的一些重点问题。(图6-3)

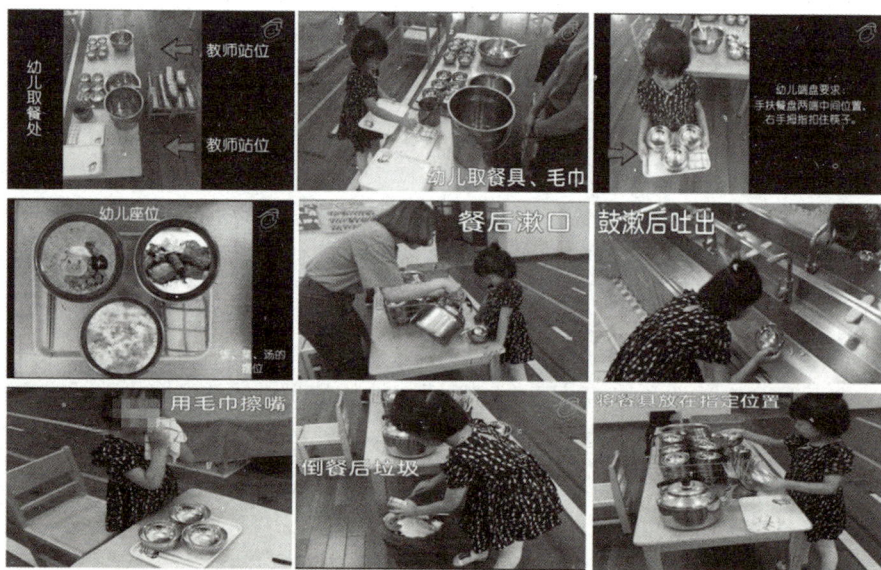

图6-2 幼儿午餐环节操作流程

注:图由安徽师范大学附属幼儿园提供。

(二)教学软件

软件是一系列按照特定顺序组织的计算机数据和指令的集合。这里的教学软件是指集合了幼儿园教育教学工作日常所需软件的网络平台以及与其相关的文档。比如,教学应用软件、多媒体课件等。

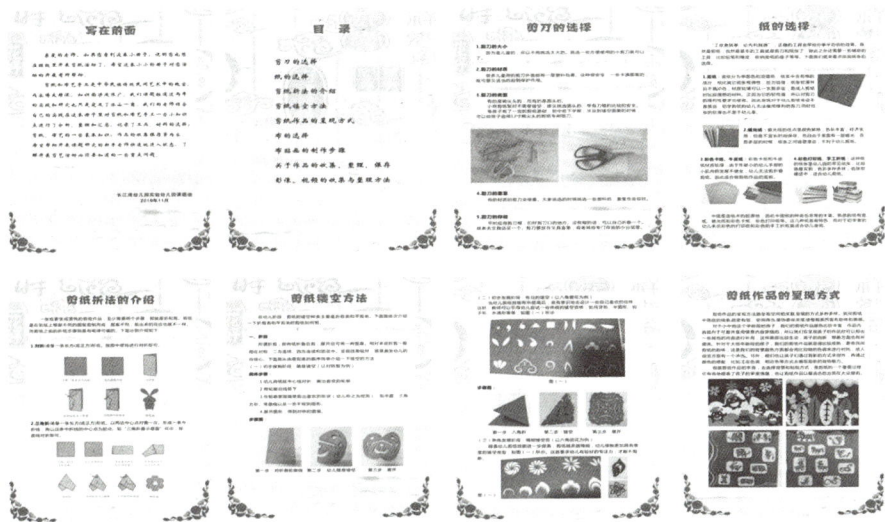

图 6-3 《剪艺小知识》手册

注：图由芜湖市长江湾实验幼儿园管晖提供。

第二节　幼儿园主题教研成果的表述

幼儿园主题教研成果的表述就是指使用适当的教研成果形式表达教研活动过程及所取得的成果。其成果既有体现教师专业发展的，又有体现幼儿学习与发展的；既有理论性成果、经验性成果，又有工具性成果。我们在本节重点呈现一线教师撰写的教育叙事、学习故事以及教师成长故事等教研成果。

一、主题教研中的教育叙事

教育叙事，也就是讲有关教育的故事。它是教师通过"讲故事"，讲亲身经历的事件来体悟教育真谛的一种研究方法，也是一种研究成果的表述形式。

幼儿园主题教研中的教育叙事就是教师对一日活动、教育教学、个人工作中的问题展开研究，通过"故事"这一载体进行具体的、有情景性的记录和叙述，其价值是叙述生活、工作中的教育故事，把自己教育教学、生活中的问题和困惑以及怎么解决问题的整个过程记叙下来，以自己的经历体验为背景去反思和观察教育现象，改进自己的教育教学行为，从而引发大家思考。

（一）教育叙事的特点

主题教研中的教育叙事是一种教育"记叙文"，以记叙的形式保留着事件的"历史"，是教师心灵成长的轨迹，是教师在教育教学活动中的真情实感。它具有以下特点。

137

1. 真实性

叙述的事件必须是真实的、亲身经历的、已经发生的或正在发生的事件，是能用文字真实记录下来的事件。

2. 故事性

叙述的事件首先有明确的主题；其次有时间、地点、人物、情节、细节以及把故事串联起来的线索，让人知道事件的来龙去脉；最后，叙述的故事能引人入胜、扣人心弦。

3. 可读性

读者能被叙述事件中的人物情绪、体态、语言、动作以及人物的内心世界所吸引，并能随描述的情境产生情绪变化；叙事语言生动形象，刻画深刻，具有可读性。

(二)教育叙事的内容

1. 片段叙事

通过教师回忆、记叙个人教育教学实践中某个印象深刻的片段，向大家呈现事件发生的过程，反思活动片段的效果。

2. 主题叙事

根据一个主题或多个主题展开个人教育、生活叙事，在同伴的协同下从中梳理出对个人专业成长产生重要影响的经历、经验和教训。

3."自传"叙事

用"自传"的方式叙述生活、工作中的教育故事，并进行自我梳理、剖析，从中发现与教师的专业成长、教育经历、教育状态、日常生活休戚相关的、有密切联系的部分。

4."他传"叙事

通过教师与他人(园长、教师、幼儿)的对话来完成对教育故事的梳理和提炼。

(三)教育叙事的撰写

主题教研中的教育叙事可以用记叙文的方式撰写。针对平常遇到的问题进行叙事和反思两部分的撰述：前半部分或讲述主题教研中遇到的问题和困惑，或讲述当教师的酸甜苦辣、成长经历，或表述幼儿的行为习惯养成、心理健康发展等教育故事；后半部分则针对上述的教育故事进行简要反思，提出合理建议，解决问题，亮出观点。在表述方式上做到有理有据，融思想性、启发性、教育性为一体，力求写出新意。前半部分是"画龙"，后半部分是"点睛"。具体可从以下几个角度撰写。

1. 从教师角度撰写

侧重撰写主题教研中分享的教育教学经验与教训、教学中的亮点及遗憾、教育研究活动、突发事件等。

2. 从幼儿角度撰写

侧重撰写游戏中幼儿的趣事、幼儿的成长故事、对幼儿的心理健康教育等。

3. 从其他角度撰写

侧重撰写教师成长过程中的收获与烦恼、个人心理困惑、亲子活动中的趣闻、家长工作等。

借助主题教研中的问题研究，通过多角度、多层面的收集、整理、反思，记录教师成长过程中的变化与烦恼，教育中的困惑与思考、成功与收获、失败与教训。这种方法非常适合幼儿园教师。它不仅让教师说、写自己的教育故事，引领他们走上研究之路，而且让教师在不断反思、不断调整中形成个性化的教育特色与风格，提升专业水平，让我们的教育更有意义、更有价值。

📚 案例点击

幼儿园即将开展音乐原创活动主题教研。某教师在一筹莫展之际，偶遇幼儿在玩跳格子游戏。幼儿一边唱《两只老虎》一边跳格子，唱一句歌词跳一个格子，歌曲结束时格子刚好跳完。伴随着音乐，幼儿在地面上有节奏地玩游戏的场景，给教师带来了用"立体图谱"设计奏乐活动的灵感。该教师在第一次主题教研中提出了自己大胆的想法。各位教师围绕音乐的选取、场景的设置、格子与节奏的匹配等问题，进行了第二次、第三次研讨。最后的实际奏乐活动深得幼儿喜爱。在这个过程中，大家先是对这个创意的实施表示怀疑，随后对幼儿随音乐跳格子的视频深感惊讶，紧接着对选取的音乐节奏与设计的格子数量的契合深感惊喜，最后被幼儿的表现所惊艳。故事曲折起伏、高潮不断，叫人难忘、令人深思。

（案例来源：芜湖市实验幼儿园毕霞）

这个案例通过教育叙事的方式，以对"立体图谱"的探索为主线，叙述了三次主题教研中问题产生、教师思考与讨论、演练以及最终问题解决的过程，通过多个"小故事"，呈现出幼儿园以团队为核心，集体策划、设计、打造主题教研系列活动的真实场景。文中的"小故事"是具体的、生动的、富有情节性的，记录了教师们在主题教研过程中的真情实感。

叙事中，在同伴的集体研讨与协助下，教师站在幼儿的角度，不断梳理、探索、操作、整合，逐一解决了教学中的一系列问题，如图谱设计、音乐选择、图谱与乐器匹配等，向我们展现出教师不断反思和改进教学行为，大胆放手，引导幼儿用动作、图卡、乐器探索出不同的音乐节奏型，尝试根据不同的节拍自主调整图谱的长短，不断挑战自己，玩转音乐的过程。教师能准确把握幼儿学习音乐的特点和规律，采取有效的教学策略，将幼儿原有对音乐活动的兴趣和热情转化为主动学习的内驱力，使幼儿在游戏中快乐地演奏。这篇教育叙事让我们看到了孩子们的自主发展和学习品质的提升，更让我们看到了一群人为幼儿园教学质量提高而辛勤努力的轨迹。

可扫描二维码，阅读案例6-1"玩转立体图谱"。

案例点击

某青年教师加入了幼儿园集团的音乐核心组。该教师在准备首次组内公开课——音乐活动"蚂蚁搬豆"时，因为对歌唱活动不自信，将其定位成韵律活动，但历经半月的苦思冥想也未能确定最后的方案。在园长助理给出了"你想要孩子们在这次活动中收获什么"的提点后，这位教师迸发出了思维火花。成长从理念变成行为开始。心中有了孩子，设计就有了方向。从何入手、用什么动作，脑海里似乎有很多方案，但表达时却一片空白。同伴们基于幼儿已有的韵律活动基础，结合蚂蚁搬豆时的场景，给出了多种多样的答案后，有节奏、有规律的动作终于有了着落。成长离不开团队的力量。在随后的教案设计、反复试教中，该教师紧扣幼儿的发展进行了斟酌与调整，展示活动获得了孩子们的喜爱。成长需要自身不懈的努力与追求。该教师还从向同伴们的学习中获得了成长，从自己不断的反思中获得了成长。

（案例来源：安徽师范大学附属幼儿园曹开国）

青年教师向我们娓娓道出了在幼儿园主题教研中承担任务的心路历程。教师生动形象地向我们展现了自身在接受任务、探索活动过程中的心理变化，向前辈请教问题时的小心翼翼，在前辈点拨下解惑的情绪，以幼儿为本设计活动的点滴体会以及组织活动成功后的满足与幸福……让我们看到了一幅幅幼儿园团队合作、潜心研究、互进互促、共同提高的教研繁荣景象。教师在叙事讲述中与我们情感交流，让我们身临其境。我们的心灵被触动，体会到了教育是什么，知晓了应该做什么、怎么做。

可扫描二维码，阅读案例 6-2 "小筑梦想　成长快乐"。

案例 6-2

小筑梦想　成长快乐

案例点击

在"游戏中的幼儿"主题教研中，教师将小班幼儿睿睿剪垫子的故事以及班级幼儿的讨论分享给了教研组成员。大家结合实例进行了研讨、建议、反思，达成了共识。（图 6-4）

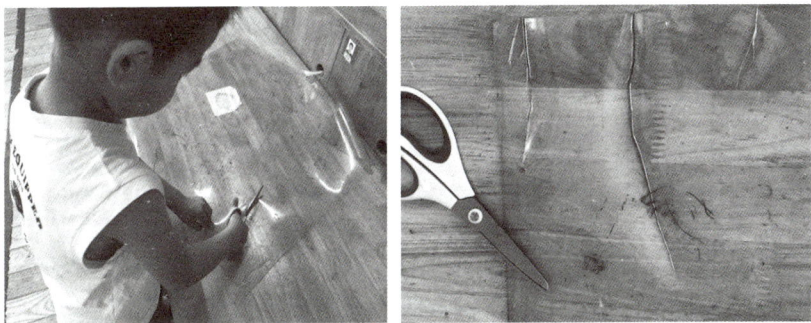

图 6-4　睿睿剪垫子

3～6 岁的孩子喜欢模仿、探索，不墨守成规，经常有一些偶发行为。教师很敏锐地捕捉到了教育契机，给予适时引导，解决问题及时有效。

幼儿园需要有一个让幼儿信任、依恋、放松、可以融入其中的环境。教师在发现问题时能及时控制自己的情绪，向教研组同事请教，找出处理问题的对策，在具体做法上没有直接指出幼儿的不当行为，而是抽丝剥茧，追根溯源，让孩子自己找到问题所在。这样做既保护了犯错孩子的自尊心，让他有表达的机会，也给其他孩子厘清了解决问题的思路。

教师的提问从小班孩子的年龄角度出发，简单易懂，对孩子们缺失的经验进行补充，并用完整的语言进行归纳。清晰的问题推进，适度的质疑追问，让整个谈话活动流畅、生动。

（案例来源：安徽师范大学附属幼儿园薛晴、汪红诚）

案例中的教育故事是通过教学案例的形式编写的。文中对师幼对话、心理活动、即时反思等进行了大量描述，为我们还原了一个真实的游戏场景，让大家了解了幼儿"剪垫子"的缘由、教师面对问题时的不知所措以及为了解决问题向教研组同伴求助的过程。大家读完感同身受，深受启发。我们在组织一日活动、区域游戏时，总是会遇到这样和那样的问题。如何停下脚步、放低身段，倾听孩子们的心声，关注孩子们的思考？同时，我们也了解了教育故事的另外一种表现形式——教学案例撰写的方法，了解了教学案例包含的元素，即题目、背景介绍、案例描述、案例反思等。其中，题目要体现反思主题；背景介绍要写出故事发生的有关情况，如时间、地点、人物、事情的起因等；案例描述要写出活动的起因及矛盾冲突片段；案例反思要有对问题的思考和反思。

案例 6-3

睿睿剪垫子

可扫描二维码，阅读案例 6-3"睿睿剪垫子"。

教育叙事以叙事的方式描述教师在教育教学活动中的故事，这些故事蕴含着教师对教学实践的反思、领悟以及重述故事时的再反思。从一定意义上讲，它能使教师在撰写故事的过程中重新认识教育，促进教师研究素养的形成，加速教师专业实践的更新。

二、主题教研中的学习故事

"学习故事"是一个舶来品，是由新西兰学前教育学者卡尔提出的，它是一种用叙事的形式对儿童学习与发展进行评价的方式，弥补了传统标准化评价的不足，关注真实的、具有复杂性的学习情境，强调幼儿作为主动的学习者建构意义的全过程。学习故事坚持以幼儿为中心，教师要为每个幼儿的发展设计适宜的课程，因材施教。它是在真实情境中完成的结构性观察和记录，能提供一种反映儿童发展的持续性画面，能用来交流儿童学习的复杂性。

主题教研中，要引导教师进一步了解学习故事的核心，即儿童观、课程观、学习和发展观，立足幼儿园实践，通过捕捉幼儿个体或群体精彩的学习瞬间，引导教师在不断注意、识别、回应幼儿的学习的过程中，积极观察、解读、支持幼儿学习的实践，逐步掌握撰写学习故事的方法，提升教师观察、记录、分析、评价幼儿的发展的水平，促进教师专业成长。

(一)了解撰写学习故事的意义

"学习故事"既是一种评价儿童的方法，也是一种研究方法。我们都知道，在学习撰写学习故事的过程中，许多教师存在着诸多的问题。比如，观察中没有重点，眉毛胡子一把抓，将所有的人、事都作为重点，结果显得力不从心；记录上没有特色，从幼儿活动开始到结束千篇一律记流水账，没有让人眼前一亮的线索和有趣的内容；语言描述和文字表达上显得较为笼统，缺乏"哇"时刻，教师对自己的记录无法进行深入的解读与分析，更谈不上提供有效的指导策略。再如，有的教师缺乏儿童视角，经常以成人的故事代替幼儿的故事；叙述故事时不够客观、详细；对幼儿行为的分析和评价比较笼统，缺乏对幼儿个性化经验的理解。因此，摆在教师面前的艰巨的挑战便是如何了解学习故事的意义，如何发挥学习故事的教育价值。

1. 促进幼儿快乐发展

学习故事展现了一种全新的幼儿教育理念，体现了新时期幼儿教育的内涵。它记录的是在教师"放手"的前提下，幼儿自由、自发、有发展意义的行为，以及在轻松愉悦的氛围中，养成积极主动、善于思考、认真专注、勇于探索的美好品质以及全面、快乐地发展的过程。

2. 促进教师专业成长

学习故事能够让教师更多地从专业的角度关注和剖析幼儿在游戏、生活中的典型行为与心理特征，以专业的视角来诠释幼儿行为背后的理论支撑，更好地"读懂幼儿"；能够引领家长和社会对幼儿教师职业专业性产生更深层的理解，在促进幼儿健康成长的同时，让教师享受职业带来的快乐。

（二）厘清学习故事的内涵

要想了解学习故事真正的内涵与价值所在，就必须要组织开展关于学习故事的主题性教研活动，通过系统学习、专家引领、同伴互助、团队协作的方式，让教师由浅入深地了解学习故事在幼儿学习与发展中的作用和存在的价值。教师要关注幼儿的自发学习，关注幼儿在游戏活动中的学习。在观察中，教师还要及时记录下幼儿能做什么，而非不能做什么，并对幼儿的学习行为进行客观、详细的描述。

第一，以幼儿为本。教师要树立"儿童是有能力的学习者"的理念，树立正确的儿童观、教育观、发展观。

第二，捕捉"魔法时刻"。在学习故事中，教师要立足幼儿园真实游戏现场，及时捕捉幼儿在游戏中自主学习的精彩瞬间，做幼儿活动的观察者、支持者，并对幼儿的学习行为进行观察、识别，最后给予支持、回应。

第三，以观察为基。学习故事不同于一般的观察记录，它针对个别幼儿的学习行为进行观察和评价，反映的是幼儿在游戏活动中真实的学习画面。因此，它离不开观察和叙述。

第四，以分析为伴。学习故事就是对幼儿的游戏行为进行真实、客观的记录并做到理性分析和思考。教师应根据不同幼儿在活动中个性化的表现，把握幼儿的最近发展区，识别幼儿的能力，最终发现幼儿的进步。

第五，有后续支持。学习故事应以幼儿在游戏中的表现为基础，提出进一步促进幼儿学习与发展的设想和方案。基于当前幼儿的学习兴趣、能力以及幼儿的学习品质，以多方面的形式给予后续支持和回应，为下一阶段的学习提供依据。

案例点击

制作恐龙蛋

由于连续几天都是阴雨天气，户外活动开展不了，孩子们只能在室内进行游戏。轩轩来到了美工区，他在里面东看看、西找找，左思右想之后，翻出了几张旧报纸，并且很快将这些报纸都揉成了团。我看到了轩轩的这一通操作，便想探个究竟。将揉成团的报纸摆在面前后，他又去材料区寻觅了一会儿，拿着彩笔回来了，在报纸团上一顿胡乱操作，不一会儿，报纸团的外面就被涂上了一层混乱的颜色。"哈哈，完成了。"他笑着说。一旁的小管问他："你在做什么呀?"轩轩说："这是我做的恐龙蛋，我要把恐龙蛋埋到土里!"

这个有趣的想法立刻吸引了其他的孩子。几个小伙伴相继找来了更多的报纸，有模有样地开始制作恐龙蛋，这里俨然成了恐龙蛋加工厂。(图6-5)

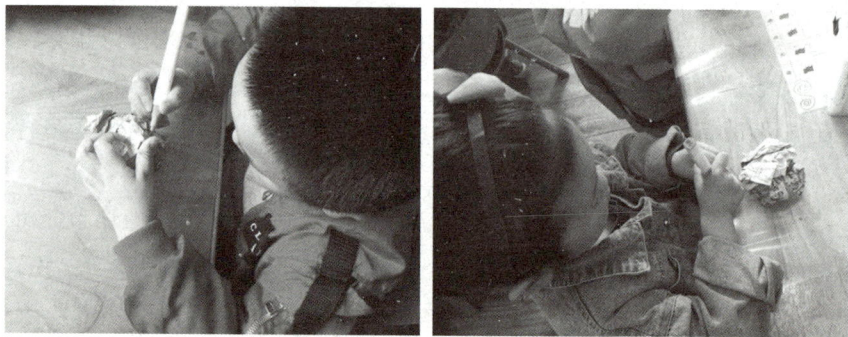

图6-5　幼儿制作恐龙蛋

（案例来源：芜湖市和谐幼儿园汪天晶）

针对上述案例，教师在主题教研中进行了分享。大家围绕"观察记录及表述"这一问题，通过团队学习、观察、讨论，一致认为最后一句"几个小伙伴相继找来了更多的报纸，有模有样地开始制作恐龙蛋，这里俨然成了恐龙蛋加工厂"是教师的主观感受和推测，不够客观。因此，建议修正为"几个小伙伴相继找来了更多的报纸，开始像轩轩一样制作恐龙蛋"。经过团队的集体学习、分析，教师们进一步了解了叙述要体现客观，不带有个人主观色彩；观察的目的是了解幼儿，发现幼儿的学习轨迹，发现幼儿的最近发展区，改进我们的教育。

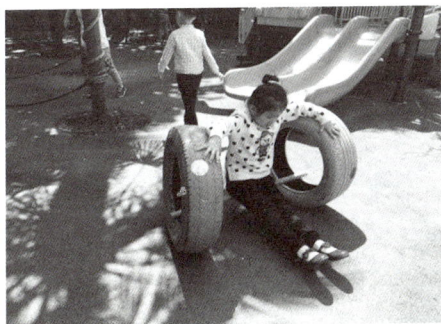 案例点击

我想做辆车

子芊在操场的一角发现了一根废弃的拖把棒，于是，她想利用这根木棒同时推动两个轮胎，尝试了许久，都没有成功。可就在尝试的过程中，她发现了木棒和轮胎连接在一起时运动的特点——推动木棒，轮胎滚动。这引发了她对拼搭一辆"车"的渴望。

她第一次坐上了自己拼搭的"小车"。（图6-6）两个车轮在前行中不断地分离、倒地，她没有放弃，始终坚持探索，并就探索过程中遇到的问题主动寻求同伴的帮助。孩子们通过观察，认为她的动作不对，并积极地给她做示范。可调整动作后，仍然失败。（图6-7）孩子们依然没有放弃，继续尝试着各种可能性。他们扶着轮胎前行，"车"虽滚动起来，但效果仍然不好。于是，他们用目光寻求我们的帮助。

图6-6　子芊拼搭小车

图6-7　仍然失败

（案例来源：芜湖市实验幼儿园吕晓璐）

教师们经过多次主题教研的集体研讨，基于幼儿的兴趣、能力以及学习品质，站在孩子们的角度进行了分析、思考，提供了适当的支持和回应，让游戏继续深入下去。教师们通过学习与培训，从根本上转变了观念，逐渐明白了学习故事的内涵，并将其嵌入内心，对撰写学习故事也有了信心。

可扫描二维码，阅读案例6-4"'我想做辆车'问题研讨实录"。

(三)掌握学习故事的撰写步骤

案例 6-4
"我想做辆车"
问题研讨实录

学习故事的撰写步骤是：注意（发生了什么？）—识别（学习了什么？）—回应（对幼儿的下一步指导计划）。

1. 注意（发生了什么？）

每个教师都有其内隐的儿童观、教育观、价值观。在学习故事的撰写过程中，我们可以对幼儿的实际行为及场景进行观察，通过小视频、图片、文字等方式记录、描述。在表现手法上，教师要跳出原有的思维框架，抓住学习故事的精髓——"魔法时刻"，精准、客观地描述幼儿在"魔法时刻"出现时与环境材料、师幼互动的场景，对幼儿的学习进行观察与记录，不过多地运用修辞手法，不进行带有主观性的推测和表达。

2. 识别（学习了什么？）

此环节是解读、评价和回应幼儿的学习行为的环节，是三个步骤中最关键的，也是最难的。它衔接现象与本质，是教师对幼儿游戏行为的解读。教师运用专业知识进行理性的分析、评价和反思，其质量直接影响回应的质量。因此，此环节对教师的观察能力和专业理论知识水平提出了较高的要求。

案例点击

尧尧送餐记

"快餐店"开业啦！等待了许久还是无人光顾，于是，我介入游戏，点了一份"青菜炒面"。尧尧手里拿着一张纸，开始四处寻找起来。原来是在找笔！这是要做什么呢？尧尧蹲在地上画起了"青菜炒面"(图6-8)，问道："你家住在哪个方向啊？""直走左转。"得到答案的尧尧便在纸上用箭头画出了路线。(图6-9)接着，他去寻找食材，用树叶代替青菜，用杂草代替面条。旁边的昊宇问："客人，你需要辣椒吗？""当然要。"接下来，尧尧将树叶撕碎当作辣椒放进锅内进行翻炒。(图6-10)此时，游戏已经进行了50分钟，其他孩子开始陆续收拾材料，可尧尧却没有受到周围环境的影响，坚持完成了"炒面"，并且按照路线将做好的"青菜炒面"送到了我的手中，对我说："请在纸上打钩。"我问他："为什么要打钩？打钩是什么意思？"尧尧解释说："代表订单已经完成了啊！"(图6-11)这时，昊宇也上前告诉我可以扫二维码支付，并进一步追问我使用何种方式付款。

图 6-8　画炒面

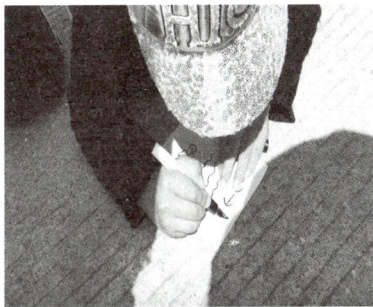

图 6-9　画送餐路线图

图 6-10　制作炒面

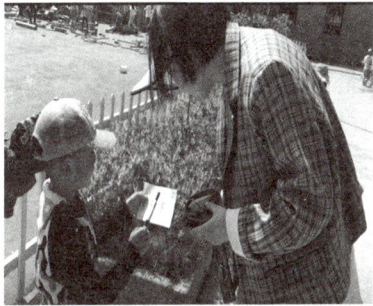

图 6-11　完成送餐

案例分析

尧尧已经能较灵活地使用替代物。根据快餐店的主题和顾客点单的情节需要，尧尧会同时使用多个替代物来游戏。树叶既替代了青菜又替代了辣椒，一物多用的行为出现。这体现出尧尧的表征水平和游戏经验有了进一步的提升和发展。

尧尧通过图画的方式记录顾客的订单，在主动询问地址后，尝试用箭头来表达送餐的路线，初步建立起"菜单"与"订单"之间的联系。此外，创设出送餐的游戏情节，让游戏情节趋于复杂和丰富。

通过与教师的对话，我们可以看出尧尧的语言表述明确，沟通较为顺畅；但从游戏现场中可以看出，尧尧和昊宇在游戏中的角色不明确，与同伴之间缺乏交流互动，自我意识较强。

上述案例中，教师针对游戏中的尴尬局面，通过扮演顾客适时介入游戏解决问题，推动幼儿游戏的开展。在案例分析环节，教师结合儿童发展理论、《指南》等，结合幼儿在游戏中的语言、行为进行了精准分析，发现了尧尧是一位思路清晰、语言表达能力强的孩子，也发现了该幼儿在游戏中需要提升的部分，为接下来游戏的推进打下了基础。

3. 回应（对幼儿的下一步指导计划）

教师在面对幼儿的行为时，思考后面该如何做才能支持、促进和拓展幼儿的学习，为支持幼儿进一步学习制订计划。

案例点击

案例"尧尧送餐记"中，教师给予的支持与回应如下。

第一，为幼儿提供宽松、自由的游戏环境和语言环境，教师以顾客的身份参与到游戏中，让幼儿在游戏中获得情感体验的同时发现游戏的新思路。

第二，满足幼儿的游戏需求，通过播放视频，帮助他们了解外卖订单的操作流程，鼓励幼儿自己制定"外卖订单的操作流程"和游戏规则；培养幼儿的时间观念、任务意识、规则意识。

第三，根据幼儿的讨论，为游戏提供材料"随意贴"，以满足他们的游戏需要——张贴订单，达到方便快捷、便于操作的目的。

（案例来源：芜湖市和谐幼儿园郑琪）

通过教师的有效支持和回应，游戏不断深入。孩子们在"尧尧送餐记"中从刚开始的以物代物，发展到多角色扮演，生成了许多新的游戏情节，如出现了银行、医院。孩子们在游戏中学习、在游戏中成长落到了实处。

案例点击

从对案例"我想做辆车"的观察与描述中可发现，幼儿的原有经验是我们识别幼儿获得的新经验的基础。通过观察，教师了解到子芊平时就是一个喜欢周围事物、爱用一些材料进行探索、遇到困难不退缩、能够坚持到底、爱动脑想办法、有良好的学习品质的孩子。当子芊遇到问题时，教师没有干预、没有介入，而是搭建平台，组织了分享谈话活动，让孩子们帮助子芊找问题，结合幼儿的所思所想以及操作、体验，将"我想做辆车"的个人兴趣拓展为集体兴趣，将个别幼儿生成的游戏拓展为集体的游戏，大家共同帮助子芊做一辆能滚动的车。教师"注意"了幼儿的原有经验，也让我们看到了游戏对幼儿发展的价值。孩子们是否在"学习"？幼儿的关键经验是否得到了提升？

案例中的识别部分通过分析游戏中"什么样的学习有可能发生"这一主题，让我们感受到了幼儿在游戏中学到了什么、拥有哪些解决问题的能力以及表现出了哪些优秀、可贵的学习品质。教师基于幼儿遇到的困难进行深入观察，根据幼儿在游戏中的个性化表现，把握幼儿的最近发展区，准确识别了幼儿认知发展过程中的同化、顺应和平衡化历程。

在案例中，我们看到了教师的有效回应。教师通过分析幼儿获得的经验，找到了其在游戏中的兴趣点，追随兴趣点，取长补短，实施了以下支持策略。

"顺"。顺应幼儿需求，搭建游戏平台。面对幼儿自发生成的游戏活动，采取追随、顺从幼儿的策略，并对突发事件隐含的教育价值做出正确判断。

"引"。在幼儿自发生成的游戏活动中，教师要适时、适当介入，或充当游戏同伴，或以角色的身份参与间接指导，或刻意"设难"，将游戏引向深入。当教师捕捉到幼儿一些有价值的游戏行为时，应引导幼儿拓展游戏内容，解决游戏中产生的问题，引发主题调查、探索，让幼儿在查阅、调查、分析、讨论与模仿中，丰富相关经验，获得新经验，建构自己的游戏，使游戏不断推进与发展。

"推"。在幼儿自主游戏中，为推进游戏持续发展，教师应以平等的姿态与幼儿对话，成为游戏的参与者、合作者、支持者。摇摇车从 1.0 版到 4.0 版，教师借助当时的游戏情境和游戏材料，把空间、时间完全交给孩子，放手并观察，"推"幼儿一把，将游戏引向深入，促进了幼儿能力的提升。

本案例的呈现再次让我们深刻认识到学习故事的撰写应建立在教师充分观察的基础上，借助不同的观察方法（扫描、定点、追踪观察），进行拍照、录像、记录，筛选出有价值的、有特色的故事，结合并对照《指南》中的子领域、目标和典型行为表现加以分析，进行回应，以支持幼儿进一步学习制订计划；认识到学习故事的典型特征，即它是为了支持儿童进一步学习进行的评价，而不是对学习结果的测评，因此，它是形成性的，关注的是学习过程。

案例 6-5
学习故事之我想做辆车

可扫描二维码，阅读案例 6-5"学习故事之我想做辆车"。

"学习故事"不是一次学习的结束，而是一段学习、一生学习的持续。带着情感和爱写"注意"，聚焦学习品质、知识、技能写"识别"，满足兴趣和需要、促进持续发展写"回应"，这样写出的故事便水到渠成，让人赏心悦目。

三、主题教研中的教师成长故事

主题教研不仅是对教师现场教学、游戏、一日活动组织的诊断和指导，更是教师形成经验、走向成熟的必经之路。教师在主题教研中经过专家引领、同伴互助，建立学习共同体，不断反思、总结，用笔发自内心地写出对教师这一职业的敬重、热爱，体验幸福的情感，通过经验总结、教育随笔、读书笔记、心得体会、反思等形式，记录教育实践中的酸甜苦辣，经验、教训和感受、体会，记录自身的成长历程和成长故事。

正如尹坚勤所说："一次次的教科研活动看似平常，一遍遍的实践反思看似在做重复劳动，收效甚微。但是，我们千万不要因为付出多而收获少就放弃努力，因为一点点超越的往往是一群人，一线之隔往往决定着伟大与平凡、成功与失败，也因为专业的提高是量变积累后达到的质变与飞跃……只要踏实地走过一天又一天、一月又一月，我们在专业成长方面终究会有跨越的那一天。"①

案例点击

主题教研引领我们走向专业

"专业"是一种特别崇高的精神与承诺，一般人对"专业"是带有敬意的。幼儿教育就是一个专业性极强的工作，它需要我们经过长期的训练，掌握特殊的知识。

在我近三十年的教学生涯中，幼儿教育的改革一直在稳步向前，课程更是呈现出多元化和个性化的趋势，变革的主题更加鲜明，游戏课程、情感课程、领域课程、生存课程、运动课程等多种课程实践纷纷出现。在实践教学中，我们总是能遇到这样或那样的问题。为了实现自身发展，我一直在思考幼儿园教研活动的形式和内容。从开始的参与者到后来的组织者，我渐渐发现，教研不能做成开展几个活动、进行几次评比的"松散式"教研，而应该把平时教学中急于解决的、大家感到困惑的问题进行整理，筛选出具有典型意义和普遍意义的问题，做成主题教研。

担任教研组长后，我开始尝试实施系列的主题教研。我们的教研内容紧扣幼儿学习生活的各个方面，如"幼儿园晨间活动场地的合理安排""民族大联欢的走班游戏设计"等。每次教研之前，大家都把自己的疑惑和问题准备好，注重教研中的"准""小""精"。在经过深入探讨之后，大家达成共识，形成紧密的学习共同体，并快速地运用到实际活动中。

众所周知，节日活动是幼儿园活动的重要项目。以往的端午节，各个班级都会邀请家长一起来包粽子、做香包。但2021年由于特殊原因，家长不能入园，活动该怎样进行？于是，我组织开展了相关的主题教研。

第一层次：指导各年级组教师设计调查问卷，向孩子们征集游戏方案，针对具体问题，组织大家讨论。小班孩子"编彩绳"的内容一开始就被大家否定

---

① 尹坚勤：《听那成长的拔节声：一个幼儿教师的专业发展季节》，55页，北京，中国轻工业出版社，2010。

了，大家认为小班孩子没有办法完成这种精细动作。经过协商、研讨，有的教师提议，先将两条细绳拧好，让孩子只完成穿铃铛的工作，这样就大大降低了操作难度，完美解决了问题。

第二层次：各班级进行活动试玩，整理问题，再次研讨。这次教师们的问题就比较多了。比如，包粽子的游戏中，幼儿没有"打结"和"捆绑"的经验，包粽子工作无法完成；大班的龙舟比赛中，由于没有找到合适的"龙舟"，象征性地"划桨"激发不了孩子游戏的兴趣；绿豆糕有半成品，前期制作步骤可略过，但后半部分"压模"过于简单没有挑战性……这些从实践中提取出的问题非常珍贵。于是，我们一一展开研讨，细细梳理，在专业书籍中寻找理论依据，给教师们提供更多的材料支持和组织架构的支持，并且特别强调，尊重孩子的体验与感受，相信孩子的能力。主题教研后，端午节活动顺利开展。

第三层次：结合各班级的活动，罗列出每个步骤的修改目标，提炼出反思阶段的内容和框架。这样的主题教研让教师们收获满满，大家充分讨论，接受不同的观点，并期待着下一阶段的深入探讨和建设性的批判。这增强了团队的凝聚力。

近年来，我组织的教研涵盖了领域课程、自主游戏、实践活动等多方面的内容，一次次主题教研中，与教师们的思维碰撞和经验积累也让我获益良多。2018年，我指导青年教师参加区级游戏微视频评选获三等奖；2019年，指导教师参加省优质课评选获一等奖；我设计的语言活动"说不完的故事"也在安徽省获得了一等奖的好成绩，并在第七届全国语言教育研讨会上进行展示，教案获国家级二等奖；我的论文《混龄角色游戏主题选择与活动设计研究》分获省、市论文评选三等奖和一等奖。

主题教研是服务于教师的"以人为本"的活动，主题教研引领我们走向专业。在接下来的时间里，我在教研工作中还有很多实事可以做：研究教育教学策略和方法、研究如何寻求创新和发展……而我，要提高专业引领水平，搭建适宜于不同专业成长期的教师发展的平台，让每一位幼儿园教师富有个性地发展。

（案例来源：安徽师范大学附属幼儿园汪红诚）

上述案例通过教育随笔的方式记录并总结了主题教研中教师个体成长的经历，阐述了主题教研与教师专业成长密不可分的关系，更诠释了主题教研是引领教师走向专业，促进教师不断成长的有效途径。

有人说，一个人追求的目标越高，他发展得越快，成功率就越高。教师只有形成共同的价值认同，才能驱动积极的自我诉求，发挥主体精神，不断自我挑战、自我加压、自我更新、大胆尝试，使自己日臻完善，实现"职业—专业—事业"的自我提升。

参考文献

[1]崔岚，黄丽萍．如何当好教研组长[M]．上海：华东师范大学出版社，2011．

[2]莫源秋，等．幼儿园教研活动设计与实施[M]．北京：中国轻工业出版社，2014．

[3]刘占兰，廖贻．聚焦幼儿园教育教学：反思与评价[M]．北京：北京师范大学出版社，2007．

[4]周小山，严先元．教研的学问[M]．成都：四川大学出版社，2010．

[5]尹坚勤．听那成长的拔节声：一个幼儿教师的专业发展季节[M]．北京：中国轻工业出版社，2010．

[6]冯晓霞．幼儿园课程[M]．北京：北京师范大学出版社，2000．

[7]胡克祖，袁茵．儿童好奇心的发展与促进[M]．合肥：安徽教育出版社，2016．

[8]大宫勇雄．提高幼儿教育质量[M]．李季湄，译．上海：华东师范大学出版社，2014．

[9]安德烈·焦尔当．学习的本质[M]．杭零，译．上海：华东师范大学出版社，2015．

[10]张肇丰，徐士强．教改试验的30个样本[M]．上海：华东师范大学出版社，2016．

[11]沈雪梅．学前儿童发展心理学[M]．北京：北京师范大学出版社，2016．

[12]胡华．幼儿园生活化课程——回归传统、自然与本真　大班上册[M]．北京：北京师范大学出版社，2019．

[13]霍力岩．学前教育评价[M]．北京：北京师范大学出版社，2000．

[14]李玉侠，杨香香，张焕荣．幼儿园教育评价[M]．北京：北京师范大学出版社，2017．

[15]北京教育科学研究院基础教育教学研究中心学前教育研究室．幼儿园教研工作指导——教研工作的理论与实践[M]．北京：华夏出版社，1999．

[16]虞永平．幼儿园教研需要革命性转身[N]．中国教育报，2017-11-05．

[17]刘金虎，施燕飞．农村幼儿园"支架式"微教研的探索[J]．上海教育

科研，2019(5).

[18]王兴华，丁雪梅，刘聪. 改革开放 40 年学前儿童发展研究进展[J].
学前教育研究，2019(3).

[19]宋爱芬，盖笑松. 师幼互动质量干预课程设计及其实施效果[J]. 学
前教育研究，2019(5).

[20]杜文平. 师生互评的运行机制、策略和特点[J]. 教学与管理，
2016(13).

[21]杨玉东. 教师如何做课例研究[J]. 教育发展研究，2008(8).

[22]陈坚. 教研活动的策划、流程与评价[J]. 教学与管理，2012(31).

[23]周菁，温迪·李. 走进"学习故事"——来自新西兰幼教课程改革的启
示[J]. 学前教育(幼教版)，2014(3).

[24]王丽娟. 幼儿园教研活动的目的与实施策略[J]. 学前教育研究，
2015(3).

[25]郑健成. 学前教育学[M]. 上海：复旦大学出版社，2007.

[26]罗尧成，朱永东. 学术沙龙：一种研究生教育课程实施形式[J]. 学
位与研究生教育，2006(4).

[27]谌启标. 基于教师专业成长的课例研究[J]. 福建师范大学学报(哲学
社会科学版)，2006(1).

参考文献

附录　幼儿园主题教研案例

附录一　自主游戏：基于儿童视角开展幼儿自主游戏活动

《幼儿园工作规程》提出，幼儿园的任务是"遵循幼儿身心发展特点和规律，实施德、智、体、美等方面全面发展的教育，促进幼儿身心和谐发展"。实现这一目标的关键在于教师，没有教师的专业成长，就没有幼儿的身心和谐发展。以问题为导向的主题教研可以提高教师的职业认同感，提升专业能力，让教师和幼儿在积极有效的互动中形成共同成长的良好形态。主题教研能够唤醒教师的研究意识和成长意识，保障幼儿健康成长，还给幼儿快乐而有意义的童年。

一、主题教研活动主题

（一）幼儿发展的视角

游戏是幼儿的天性，游戏不仅能给幼儿带来快乐，也是幼儿积极主动、真实自然的学习活动。《幼儿园教育指导纲要（试行）》《幼儿园工作规程》中反复强调幼儿园要"以游戏为基本活动"，这是由幼儿的学习方式和特点决定的。在实践的层面，落实以游戏为基本活动还存在各种各样的问题，如幼儿游戏的时间、空间不足，游戏材料缺乏，幼儿在游戏中的自主性不够等，在教师的高控下，幼儿很难表现出真实的状态。

（二）教师发展的视角

2017 年，安徽省教育厅组织了首届"幼儿游戏活动周"。我园园长参加了现场观摩，并在教研活动中给本园教师们观看了开放园开展自主游戏的照片和视频，分享了自己的观摩心得。听完园长的分享，每一位教师都感到惊喜与激动。经过讨论分析，大家认为用"游戏化"替代"小学化"是必然的趋势，了解幼儿、观察游戏，是幼儿教师区别于其他教师的专业性所在。开展幼儿自主游戏是我们应该做、必须做，而且能够做好的。因此，大家选择以自主游戏为教研主题，捍卫幼儿游戏的权利，用教师的专业成长保障幼儿身心和谐发展。

二、主题教研活动目标

通过开展主题教研活动，帮助教师理解自主游戏的性质和特点，提升"游戏活动的支持与引导"专业能力，引导教师进一步学习《指南》，发现幼儿在游戏中的学习与发展，积累自主游戏过程案例，撰写游戏故事，实现全园教师的专业成长。

三、主题教研活动整体规划

（一）构建教研团队，明确职责分工

实施主题教研的团队成员包括园长、业务园长、全体专任教师。园长负责主题教研的整体实施工作，业务园长负责规划与落实。同时，成立年级教研组，由能力强、有责任心的教师担任教研组长，做好联络工作，并负责整理教研资料。

（二）分析教研活动现状

幼儿园传统的教研活动，更多是自上而下布置任务，教师参与积极性不高，很少获得发言的机会，没有表达的愿望，教研缺乏活力。为了保障主题教研的实效，我们创新了教研形式，以问题为导向，降低工作重心，让教师在教研活动时想说、敢说、有内容说，相互启发，真正成为教研活动的主人。

（三）确定教研方法

行动研究是贯穿自主游戏主题教研最主要的研究方法。教师在行动中研究和反思，在做中学，在做中求进步。

（四）建立保障机制

每周固定时间开展全园大教研，提前公布教研内容，鼓励教师收集资料自主学习，并结合自己的工作实际融会贯通。主题教研主持人由各教研组长轮流担任，形成合作、共享的教研文化，让每一名教师成为具有游戏精神的人。

四、主题教研活动计划

根据自主游戏主题教研活动目标，把任务分解到不同阶段，明确参与人员，完善活动流程安排。不同环节的教研是螺旋式推进的，不同内容之间有交叉和融合的现象。（表附1-1）

表附 1-1　自主游戏主题教研活动计划

序号	活动内容及目标	活动形式	参与人员	时间
1	分析幼儿教育形势，寻找幼儿园存在的问题，确立最需要解决的教研主题	学习分享、讨论交流	园长、全体教师	7月
2	开展读书活动，学习和借鉴优秀园所的先进经验	幻灯片制作、集中交流	全体教师	7—8月
3	巡班调研，收集相关问题，调整各年龄班一日活动时间	巡班调研、设计表格	园长、教研组长	9月

序号	活动内容及目标	活动形式	参与人员	时间
4	听华爱华教授的讲座，了解自主游戏的特点与性质	视频学习	全体教师	9月
5	根据不同阶段幼儿的年龄特点，因地制宜规划班级游戏空间	现场教研、组内教研	各年级组	10月
6	选择和投放适宜的游戏材料，观察幼儿与游戏材料的互动情况，做出动态的调整	思维导图、线上教研、体验式教研	全园教师、各年级组	11月
7	运用"游戏故事"观察评价幼儿的学习与发展，科学指导幼儿游戏	专题讲座、案例分享	教研员、全体教师	12月

五、主题教研活动实施

主题教研活动的实施如图附 1-1 所示。

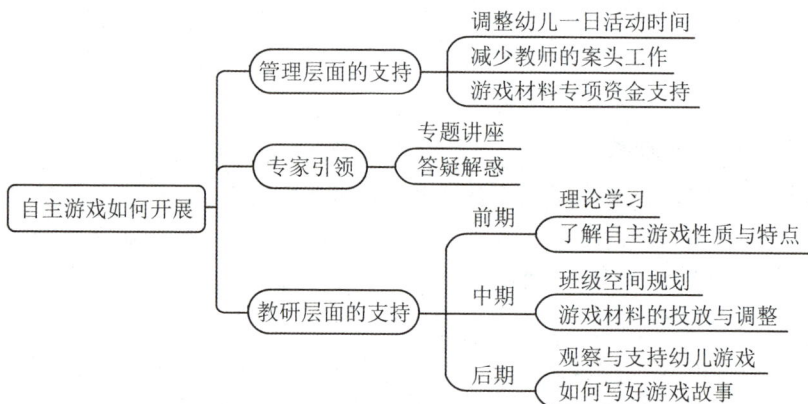

图附 1-1　主题教研活动实施

（一）管理层面对主题教研的支持

1. 调整幼儿一日活动时间

幼儿园原有的一日活动安排环节繁多、时间零散，幼儿有消极等待的现象。我们重新制定了小、中、大班一日活动时间表，对幼儿在园生活环节进行了整合，使中、大班单位游戏时间达到一小时，小班单位游戏时间也保证在 40 分钟以上，并给予班级教师一定的弹性，以便教师根据自己班级的具体情况自主调整时间与安排环节。喝水、洗手、如厕等环节不再单独列出，幼儿可以根据自己的需要随时进行。

可扫描二维码，阅读案例附1-1"幼儿园一日活动时间表"。

2. 减少教师的案头工作

教师每学期需要完成的案头工作有很多，如撰写主题计划、周计划、一日活动计划、集体教学教案、教学反思、教育笔记、个别教育记录等，带班之余完成这些案头工作后，基本没有多余的时间去学习和研究幼儿。园长同意给教师减负，在自主游戏主题教研期间，只需完成"主题活动计划"和"游戏故事"即可。对于"游戏故事"的撰写，不要求数量，只要求真实，杜绝无病呻吟式的空话、套话。

案例附 1-1
幼儿园一日活动时间表

3. 游戏材料专项资金支持

之前，若教师需要为班级添置教学用具或者游戏材料，必须先填写相关审批表，再交给后勤园长、园长层层审批，最后由财务部门负责落实，手续烦琐，整个流程花费很长的时间不说，买来的物品往往和自己想要的有偏差。自主游戏主题教研开始以后，园务会通过了一项决定，每个学期给所有班级配备游戏材料专项资金，教师可以自主支配这项资金。这样一来，教师们各显神通，纷纷在网上花最少的钱为班级幼儿购买到最适宜的游戏材料。还有的教师对买来的游戏材料进行再加工，让它能够持续而有效地陪伴孩子们的游戏。这个方法大大提升了教师准备游戏材料的积极性和自主性，保障了各班游戏材料的数量与质量。

(二)专家引领

1. 专题讲座：理解什么是自主游戏

行动准备：组织教师统一观看华爱华教授的讲座视频《放手游戏，发现儿童》。

教研过程：主持人请教师们围绕"自主游戏的性质与特点"交流学习心得。

陈老师：华教授是幼儿自主游戏研究专家，她在讲座中善于运用生动的案例诠释教育理念，通俗易懂，很接地气。

张老师：自主游戏就是幼儿根据自己的兴趣和需要，自发、自由、自主进行的游戏活动，和我们以前的区域游戏相比，材料更开放、教师更勇于放手、幼儿更自由。

佟老师：以前我们总想"教"幼儿游戏，现在我知道在自主游戏中，教师的工作重点是给幼儿准备大量的游戏材料，让幼儿有丰富、自由的游戏环境，相信幼儿会自己游戏。

宣老师：专家的讲座确实很好，但是具体怎么做我们还是有疑惑。能否让一个班先做，给我们一点感性经验？

157

园长：任何事情只有在做的过程中，才能涌现出各种各样的问题。相信这些疑惑会在实践的过程中一步步明朗，组长会带领大家从重新规划班级游戏区域开始行动起来。

主持人：推荐华教授的其他讲座视频《安吉游戏告诉我们什么》《快乐玩，有效学》，供教师们自主学习。

2. 答疑解惑

建立自主游戏主题教研群，邀请市级教研员以及在马鞍山师范高等专科学校担任幼儿游戏课程教学工作的教师加入教研群。若幼儿园教师在开展幼儿自主游戏的实践中遇到了问题和困惑，可以随时得到群里专家的解答。来自幼儿园教学一线的、鲜活的游戏案例，也为教研员和高校教师带来了源源不断的素材和启发。幼儿园教师、教研员和高校教师的思维碰撞常常带来绚丽的火花，大家都体验到了专业成长的美好。

（三）教研层面的支持

1. 理论学习："同读一本书"

行动准备：全园教师利用暑假时间共同阅读《发现儿童的力量》。

教研过程：28名教师根据自己的阅读情况精心制作幻灯片，依次进行分享和交流。摘录部分教师的阅读体会。

佟老师：以前我们的工作重心是上好课，教研活动也是围绕"教育目标是否达成""教学方法是否适宜"来进行的。阅读了《发现儿童的力量》后，我重新认识了"以幼儿为本"的理念，我们的工作视角应该回归幼儿游戏与生活的原点。

夏老师：《发现儿童的力量》记录了北京市西城区三义里第一幼儿园一步一个脚印开展自主游戏的过程，操作性很强，适合一线教师阅读。如果我们一起来实践，那么会少走很多弯路。

张老师：阅读完这本书后，我买了周菁老师审校的"学习故事译丛"，我想进一步了解幼儿是如何学习的，如何运用学习故事对幼儿学习过程进行评价。

尹老师：书中的故事让我觉得孩子们是多么可爱，一名幼儿园教师原来有这么多快乐与幸福。以前一直觉得《指南》离我们很远，只要我们换个角度看幼儿，就会觉得《指南》变得亲切了许多。

2. 自主学习："自主游戏专题"

行动准备：幼儿园购买一批与自主游戏相关的书籍充实教师阅览室。

鼓励教师围绕"自主游戏专题"展开有效的自主学习，并发挥线上阅读的优势，关注许多高质量的公众号，下载与分享专家文章，形成学习共同体，一边学习一边行动。

3. 现场教研：聚焦班级游戏空间规划

行动准备：各班级规划5～7个游戏区域。

教研过程：

①教师们先到班级看现场，听班级教师介绍游戏区域规划情况，做好记录。（图附1-2）

图附 1-2　教师现场讨论班级游戏区域规划

②开展集中教研，教师们提出问题，交流分享。

③年级教研组长根据大家的发言情况进行整理，并负责推动落实和改进。

小班教师分享：应该体现出小班的年龄特点。比如，尽量模仿家庭的布置，投放更多自然和生活中的材料；班级整体色彩温馨，提供各种毛绒玩具；娃娃家角色游戏区的空间可以更大一些，甚至可以安排多个不同的娃娃家，满足幼儿进行角色游戏的需要。

中班教师分享：建构游戏区不宜安排在过道，容易互相打扰；每个班都可以开展表演游戏，可以根据幼儿的兴趣需要确定游戏的主题；游戏区域用低矮的玩具柜进行隔断，游戏区采用半开放式，利于幼儿游戏时进行互动与交流。

大班教师分享：大班游戏区可以有更多的留白，提供做隔断的柜子、展板、屏风等，根据主题的推进，幼儿自主决定游戏的空间位置。保留个别化学习区域空间。

教师的困惑一：把桌椅放进游戏区，吃饭以及开展集体教学的时候再搬出来，每天桌椅都被搬来搬去，太麻烦了。

行动支持：提供可推动的小餐车，让幼儿自主服务。大班幼儿自主进餐，自我服务；小班用餐时间，可以让大班的哥哥姐姐来为他们服务，这既培养了大班幼儿服务他人的能力，也使其为小班幼儿做出了良好的榜样和示范。"以游戏为基本活动"不仅指保证幼儿自主游戏的时间与空间，而且应该把游戏精神贯穿到幼儿的一日生活中去，在生活的每一个环节都充分信任幼儿。创造条件让他们在进餐环节获得最大的自由，主动为自己、为他人服务。生活即教育，把在生活中自我成长的机会还给孩子。（图附 1-3）

图附 1-3　幼儿自主进餐

教师的困惑二：幼儿的建构游戏特别占地方，教室空间不足造成幼儿之间的相互干扰，影响大型主题建构游戏的开展。

行动支持：开设公共游戏区，把音乐厅变成专门的建构游戏室。投放几套大中型的清水积木作为基础游戏材料。教师和幼儿一起根据游戏的需要收集丰富多样的辅助材料，将统一规格的大纸盒摆放在音乐厅的四周。音乐厅在平日里使用的机会并不多，应充分挖掘幼儿园的公共空间为幼儿所用，真正以"幼儿视角"为出发点开展工作。（图附 1-4、图附 1-5）

图附 1-4　音乐厅兼具建构游戏室功能

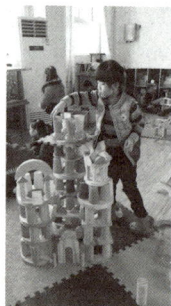

图附 1-5　建构区投放丰富、开放的材料

4. 系列教研：聚焦游戏材料的投放与调整

（1）专题讲座

邀请教研员来幼儿园做专题讲座，帮助教师了解游戏材料的结构特点，分析游戏材料对幼儿发展的价值，指导大家选择以及合理投放材料。专家指导过后，班级游戏区发生了很大的变化，中、大班减少了高结构游戏材料的投放，增加了低结构材料和自然材料的投放。各班游戏材料分类清楚、摆放有序，教

师利用标记符号帮助幼儿进行活动后的整理。

(2)思维导图

利用思维导图记录幼儿对同一种游戏材料的不同玩法，发现幼儿与材料独特的互动方式，并对照《指南》深入探讨游戏材料隐藏的价值。比如，教师观察到大班幼儿玩纸盒的方法有十几种，对自然材料石头、树叶的玩法也是精彩纷呈、各不相同。教师把自己的观察记录下来，用思维导图整理好，在教研活动中和大家分享。经常做这样的思维导图练习，教师们积累了各种材料不同玩法的相关经验，对幼儿游戏的方式更加敏感，投放材料时也更加有心得。（图附 1-6、图附 1-7）

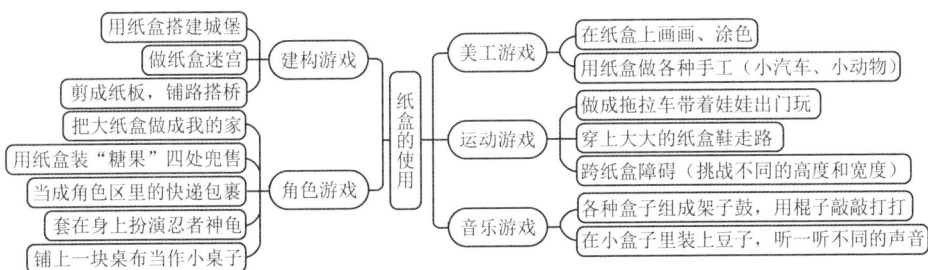

图附 1-6　纸盒的使用情况

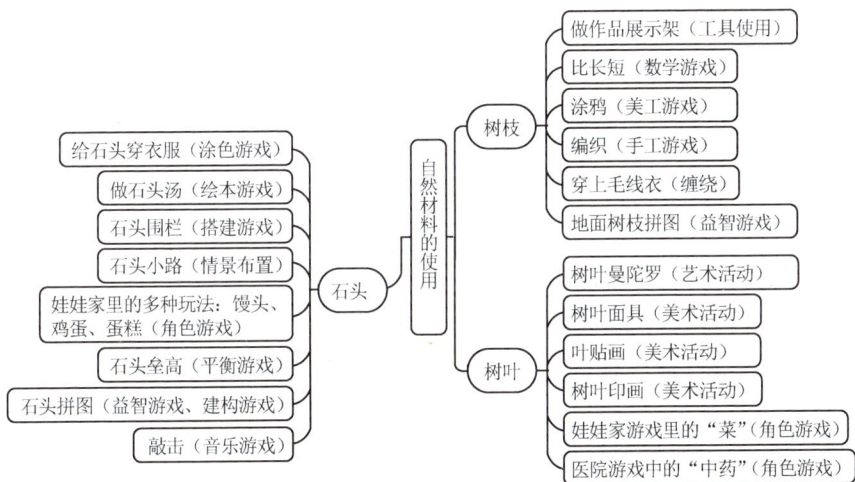

图附 1-7　自然材料的使用情况

(3)体验式教研

在研究"如何利用生活中的材料玩建构游戏"的过程中，为了让大家体验游戏情境，感受不同材料的玩法和特点，教师们开展了体验式教研活动。面对一大堆易拉罐、牛奶罐、纸杯、纸盒，教师们像孩子一样投入建构游戏中去。

经过亲身体验发现，利用这些材料玩建构游戏，能做的大多是垒高、围合、延展，却不能完成连接和架空，因为缺少可以起连接作用的材料。

行动支持：全园收集大纸箱，然后把它们裁剪成不同规格的长方形纸板，投放到建构区中去。后来，为了达到使用安全以及使用长久的目的，大家又花了很多时间把每一块纸板毛糙的侧边用透明胶带包裹好。有了这么多长短不同的纸板，幼儿在游戏中制作了立交桥、火车站、隧道等更加丰富多彩的作品，建构水平很快上了一个台阶。

（4）微教研

微教研就是除了正式的大教研之外，教师因为某一个话题需要即时发起的小型教研模式。教师对游戏材料的微教研从小处着眼、细处入手，随时随地展开。

微教研有时是园长巡班时的一次发现："美工区的各种线放在一个筐里，已经缠在一起了，幼儿取放很不方便。有什么办法可以解决这个问题呢？"一句话激起了教师的反思，引发了下一步行动。他们把纸卷芯套在水管上，再把线缠绕在纸卷芯上，留着线头朝下，幼儿想用多少就用剪刀剪下多少，不用担心缠绕，完美地解决了这个问题。这个案例被拿到全体教师大教研活动中分享，大家感受到只要站在幼儿的角度全心全意为他们着想，就一定会找到问题的解决方案。

微教研有时是群里发起的一个问题求助："玩建构游戏的时候，我们班的小雅用积木搭烧烤炉，已经玩了一个礼拜了，每天重复一样的游戏，也不去其他游戏区，怎么办？"问题发布以后，教师们纷纷给出了自己的分析。

叶老师："可以和小雅谈话，了解她的真实想法，然后理解和尊重她的想法。"

陈老师："如果总是在一个区域玩，那么在发展上容易出现不平衡的现象。教师可以主动直接介入，引导小雅去其他游戏区游戏。"

韦老师："游戏中幼儿的重复动作可以起到巩固幼儿发展的作用，教师不需要介入，而是应该更加仔细地观察，发现和记录小雅的烧烤游戏每一天都有什么变化。"

看得出来，教师们的发言是经过了学习和思考的。真理在思维的碰撞中渐渐明晰。

微教研有时是年级教研组内的一次探讨："进入中班了，角色游戏娃娃家到底应不应该保留？如果保留，那么和小班开展的娃娃家游戏有什么不同？需要投放哪些新的材料？"教研中，教师们的意见并不相同。有的说"应该保留，娃娃家游戏串联了其他的角色游戏"；有的说"教师应该观察游戏现场，如果小朋友去娃娃家的次数少了，就可以把娃娃家游戏换成其他游戏"。教研组长带领大家重新回顾游戏理论，抛出了问题："这是谁的游戏？谁是游戏的主人？娃娃家保不保留应该由谁说了算？"问孩子，倾听孩子的意见！交流的结果是孩子都喜欢娃娃家游戏，他们还想继续玩。于是，教师保留了娃娃家游戏，观察、对比中班和小班的娃娃家游戏有什么不一样，成为中班年级组教研的新课题。聚焦游戏材料的微教研是循序渐进、螺旋式开展的，每一次探讨都会把教师的学习引向深入，每一次领悟都经过了实践的检验与巩固。(图附 1-8)

图附 1-8　教师围绕游戏材料进行微教研

5. 专题教研：聚焦教师对幼儿游戏的观察与支持，写好游戏故事

观察与支持幼儿游戏是幼儿教师一项重要的专业能力。教师运用"游戏故事"观察幼儿游戏，评价幼儿的学习与发展。我们采用案例分享的方式，小步递进地开展"如何写好游戏故事"的专题教研活动。

第一次教研发现：教师对幼儿游戏全景式的观察居多，表述方式是"我们班孩子今天玩了什么"或者"孩子们玩得怎么样"，观察不够深入。

解决方法：要求教师在照顾到全班幼儿的基础上，在某一游戏区站定10 分钟，尽量看到一个完整的游戏场景或者了解游戏发展的过程。

第二次教研发现：当教师静下心来，带着目的去观察时，就容易观察到某一个孩子的游戏特点、某一个区域的游戏状态，了解到某一种材料被幼儿使用的情况等。有目的的观察更加聚焦，也更容易让人有所发现。存在的问题是，教研活动时教师们说得充满激情与喜悦，可是交上来的文稿却大大缩水，少了灵动与精彩。

解决方法：先不要求教师写故事，而是让教师在教研活动中说故事，口头语言总是比书面语言更加便捷且富有现场感染力，而且说故事时没有压力，可以即时、多次进行。有的教师表达能力强，对着投影出的一张游戏中的照片，能够热情洋溢地讲出一个精彩的故事；有的教师信息技术能力强，可以通过幻灯片展示幼儿游戏的过程；有的教师文字功底强，就图文并茂地展示自己的所见所想；对于慢半拍的教师，他们在上述不同形式的分享中潜移默化地学习着，为将来自己登上分享的舞台做好准备。

第三次教研发现：教师在教研活动中提出自己的困惑，"我觉得别的班的老师分享的游戏故事都很精彩，孩子们游戏的水平也很高，我也在努力观察，观察到的故事却总是不够精彩"。

解决方法：下一次教研活动时，到这位教师的班级现场观摩游戏活动，结束后，即时口头分享在这个班级看到的游戏故事。我们发现，善于观察、善于表达固然十分重要，但是最关键的还是在于班级自主游戏活动是否开展得好。好游戏是好故事发生的土壤。主持人请教师思考，班级游戏材料适宜、丰富吗？教师在幼儿游戏时是否存在高控的行为？（图附 1-9）

图附 1-9　教师一起观察游戏中的幼儿

第四次教研发现：教师对幼儿游戏的观察客观、聚焦，讲述的游戏故事也越来越精彩。但是，对幼儿游戏行为的分析与评价部分明显薄弱。大家反映自己比较害怕的也是这一环节。

解决方法：在教师讲述游戏故事之后，增加大家一起"评故事"的环节。不是评价别人的游戏故事说得好不好，而是把自己听故事的感受、对幼儿的分析与评价说出来，大家一起分享、相互启发。在这个环节中，教师为了让自己的发言有理有据，频繁地翻阅《指南》，对照《指南》中的目标分析幼儿的游戏行为，学习《指南》变成了一种主动需要。（图附 1-10）

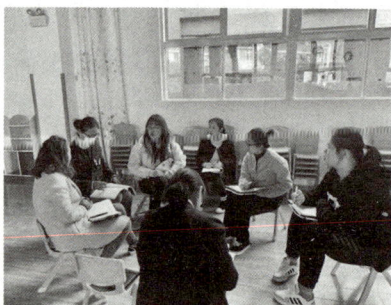

图附 1-10　教研组内同伴互助

游戏讲述者经过在教研活动中的思维碰撞，吸取交流中的精华部分，充实到自己游戏故事的文本中。教师渐渐不再惧怕写游戏故事。游戏故事的文本格式经历了几次修改，后来的设计非常简化，留给了教师更自主的空间，并增加了与《指南》连接的专栏，引导教师反复阅读《指南》，直至熟悉《指南》。游戏故事的阅读主体可以是园长、教师，也可以是幼儿和家长。真实有情的故事总是在不经意间打动着阅读者。（表附 1-2）

表附 1-2　幼儿园自主游戏观察记录表

班级：	时间：	地点：	
观察对象：		记录人：	
观察记录（游戏故事）		对照《指南》中的发展目标	

可扫描二维码，阅读案例附 1-2"游戏故事'军事基地'"。

教师用专业的教育行为完成了游戏中对幼儿高质量的陪伴。只有尊重和理解幼儿的生命，才有机会呵护他们的童心。那一刻，游戏中的幼儿和教师都是幸福的。

案例附 1-2

游戏故事"军事基地"

六、主题教研活动成果

第一，教师观念得到转变，专业性得以提高。
教师在自主游戏主题教研中逐渐找到专业自信，坚定地选择用"游戏化"替代"小学化"，回归幼儿教育的原点。通过撰写游戏故事，学会了观察幼儿，分析幼儿的游戏行为，为幼儿的成长提供帮助。

第二，教师游戏故事集。收集整理教师的游戏故事，既丰富了园本课程资源，也为区域内幼儿园开展幼儿自主游戏提供了有效的经验。（图附 1-11）

埃菲尔铁塔——陶星美.ppt
百变的攀爬区——束婷婷.ppt
建长城1——夏时.ppt
建长城2——夏时.ppt
测量——崔永美.ppt
创意影子画——万露.ppt
恩的成长记——陶星美.ppt
第三次挑战——严青雯.ppt
吊脚空心楼——万露.ppt
好玩的娃娃家——谭娟.ppt
积木里的迷宫世界——严青雯.ppt
建构王国——夏时.ppt
快递盒——束婷婷.ppt
我会搭纸桥——束婷婷.ppt
我们的水族馆——顾红梅.pdf
我喜爱的交通工具之地铁——陶星美.ppt
小小兵医院——严青雯.ppt
小小的你，成就大大的你——夏时.ppt
小小野战军——顾红梅.pdf
有趣的多米诺骨牌（一）——顾红梅.pdf
有趣的多米诺骨牌（二）——顾红梅.pdf
蜗蛞先生——张青青.ppt
中华恐龙园——万露.ppt

测量——徐晓燕.pptx
带着王奶奶去旅游——陈璐.ppt
单人跳跳板——陈璐.pptx
高铁——徐馨羽.pptx
好吃的披萨——肖红燕.pptx
哼着小曲踩高跷——王伟.ppt
积木不够了——王琳.ppt
介词城堡——徐晓燕.ppt
救火车——任文娟.pptx
轮胎乐——汪露.ppt
门卫室——郑秀文.ppt
烧烤店开张啦——黄微.ppt
绳索桥的挑战——何敏.ppt
跳绳记——胡学凤.ppt
亭桥——赵秀文.pptx
弯弯的马路——黎莉莉.pptx
我爱北京天安门——胡晓琳.pptx
我们的城堡——于晴暖.pptx
我们的家——汪露.ppt
我们的小区——王琳.ppt
我们一起搭建吧——胡晓玲.ppt
小火车出发啦——于晴暖.ppt
雪花片房子搭成记——胡学凤.pptx
种植区的争妙——李殿.ppt

彩虹动物园——万露.ppt
打保龄球——谭娟.ppt
动物医院——束婷婷.ppt
花纹积木拼图——束婷婷.ppt
欢乐大舞台——祝婷婷.ppt
环城高铁——祝婷婷.ppt
积木块变变变——祝婷婷.ppt
建构小小世界——周心悦.ppt
蔬菜主题学习——陈瑶.ppt
我的赛道——赵艳凌.ppt
我的移动房车——万露.ppt
小小建筑师——陈瑶.ppt

图附 1-11　教师分享的游戏故事

七、主题教研活动反思

(一)发现不一样的游戏

以往我们在班级开展以超市为主题的角色游戏时，教师要忙着收集各种货品、货架，制作区域牌，画出规则图，制定价格，可是孩子们玩不久就不喜欢了。现在你瞧，本来教师提供这些纱巾、鞋子、衣物是让孩子们装扮和表演用的，可是有一天上午，孩子们却用它们摆起了地摊。没有货架，也无需区域牌，他们玩的不是教师要求和设计的游戏，而是真实反映他们生活经验的游戏。看到他们整整齐齐地分类摆好地摊，认真叫卖的样子，你能想象出这是小班幼儿的自主游戏吗？(图附 1-12)

图附 1-12　小班幼儿的地摊游戏

原来，游戏真的是孩子的天性。幼儿比成人更会玩游戏，他们在自主、自由的游戏中会学习、能创造。

（二）发现不一样的孩子

自主游戏让教师有机会看到真正的孩子，并发自内心地爱上孩子。有一位教师在教研活动中说："我们班有一个调皮的小男孩，好动又吵闹，哪天他要是不来，班级顿时安静多了。可是现在开展自主游戏之后，我天天盼着他来，因为他太会玩了，他来了，游戏一定会变得有趣又精彩。我现在看他越看越可爱。"爱游戏、会学习的孩子改变了教师的儿童观，"向儿童学习"成了我们新的信仰。（图附 1-13）

图附 1-13　教师眼里的孩子

（三）发现不一样的教师

随着自主游戏主题教研的推进，教师看孩子的眼光变了，教研中的真问题多了：游戏材料投放怎样体现层次性，以满足不同孩子的需求？游戏分享怎样关注到每一个孩子？教师交流群里也经常出现求助信息：孩子在建构游戏中总是把自己的作品推倒是怎么回事啊？围绕孩子的游戏，教师有说不完的话题。研究幼儿游戏不再是被动完成的任务，教师把自身的专业发展变成了一种内在需要，并乐在其中。教师们说：

——现在孩子玩游戏的时候状态不一样了。专注、坚持、投入、喜欢、主动、想象、创造成了我描述幼儿游戏的高频词。

——现在我们天天想的不是教孩子怎么玩，而是投放什么材料给孩子玩。

——户外游戏玩得多了，室内活动时就安静多了。

——我们班孩子的出勤率高了。

——原来争着玩的滑梯在自主游戏中似乎受冷落了。

幼儿园一位即将退休的教师在完成了一篇游戏故事后，真诚地发出了这样的感慨："我做了一辈子幼儿园老师，却发现自己并不了解孩子。"

（四）发现不一样的家长

开展自主游戏后，教师经常会要求家长带一些生活废旧物品到幼儿园来。刚开始家长还有些排斥："这个幼儿园怎么天天让我们带破烂啊！他们教孩子学习吗？"当家长读到教师用心写出的游戏故事，看见孩子的学习与发展后，他们的观点转变了，认识到了游戏对于幼儿发展的价值。现在，他们天天主动带"破烂"到幼儿园来。从充满怨气到满心欢喜，家长的教育观也发生着改变。

幼儿园自主游戏主题教研还在持续地进行着，教师在游戏实践中出现的问题层出不穷，有问题说明教师一直在行动。这一届中班教师在开展主题活动

"马路上"的时候，园长拿出了曾经参加安徽省自主游戏评比并取得好成绩的中班游戏案例"小城故事"给大家做参考。一段时间后，教师在教研中提出了新的问题："当我提供了各种小车的时候，幼儿就结伴玩车去了，这段时间'马路上'的游戏一直被冷落，我需要把玩具车都收起来吗？""我们好像找不到课程的生长点。""主题教学背景下自主游戏如何开展？"一线教师的问题就是教研活动的主题来源，也是教师的专业成长点所在。下一阶段幼儿园的自主游戏主题教研将围绕"游戏与课程"开展，我们准备好了再出发。

（案例来源：马鞍山市珍珠园幼儿园尹晓峰）

附录二　混龄游戏：探趣　寻真　悦动

可扫描二维码，阅读案例附 2-1"'中大班幼儿户外混龄游戏的开展'主题教研"。

案例附 2-1

"中大班幼儿户外混龄游戏的开展"主题教研

附录三　幼小衔接：课堂互学　共展风采

可扫描二维码，阅读案例附 3-1"课堂互学　共展风采"。

案例附 3-1

课堂互学　共展风采

附录四　游戏化教学：同题异构　有效教研

可扫描二维码，阅读案例附 4-1"同题异构　有效教研"。

案例附 4-1

同题异构　有效教研

附录五　家园共育：因爱相遇　携手前行

可扫描二维码，阅读案例附 5-1"因爱相遇　携手前行"。

案例附 5-1

因爱相遇　携手前行

附录六　新教师培养：依托幼儿常规培养，促进新教师专业成长

可扫描二维码，阅读案例附 6-1"依托幼儿常规培养，促进新教师专业成长"。

案例附 6-1

依托幼儿常规培养，
促进新教师专业成长